私たちはふつうに老いることができない

高齢化する障害者家族

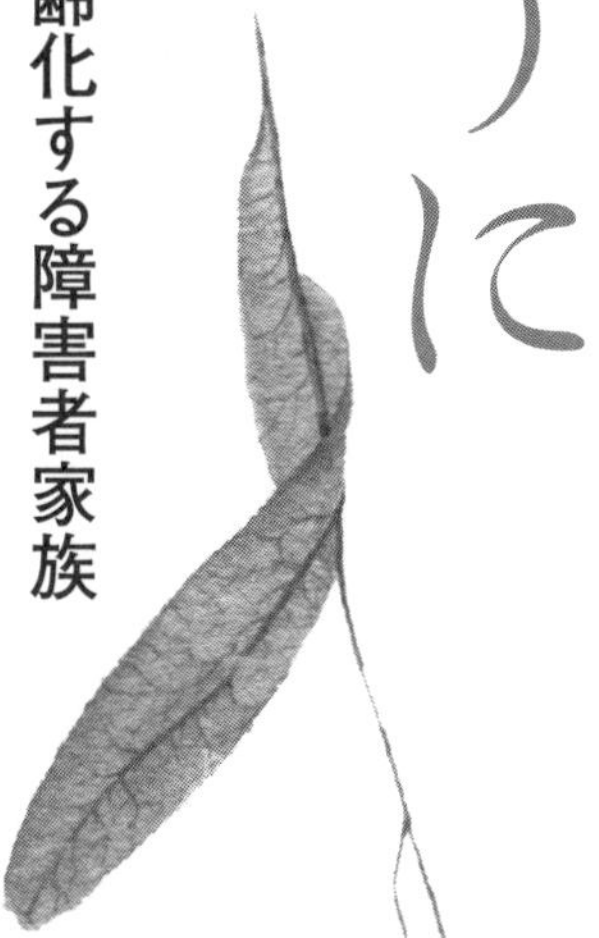

児玉真美
Kodama Mami

大月書店

本書のテキストデータを提供いたします

本書をご購入いただいた方のうち，視覚障害などの理由で書字へのアクセスが困難な方に，本書のテキストデータを提供いたします（図書館等での貸出の場合を除く）。ご希望の方は，書名・お名前・ご住所・電話番号を明記のうえ，200円切手を同封し，下記までお送りください。
なお第三者への貸与，送信，ネット上での公開などは著作権法で禁止されておりますので，ご注意ください。

〒113-0033　東京都文京区本郷2-27-16
大月書店編集部　テキストデータ送付係

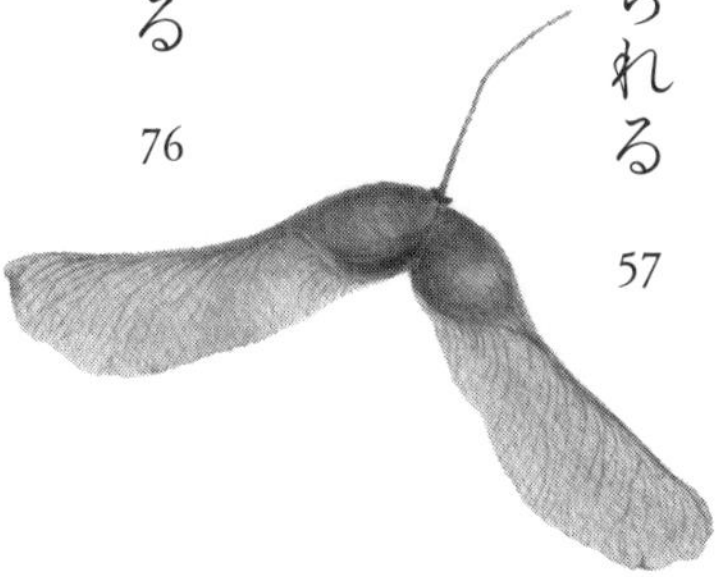

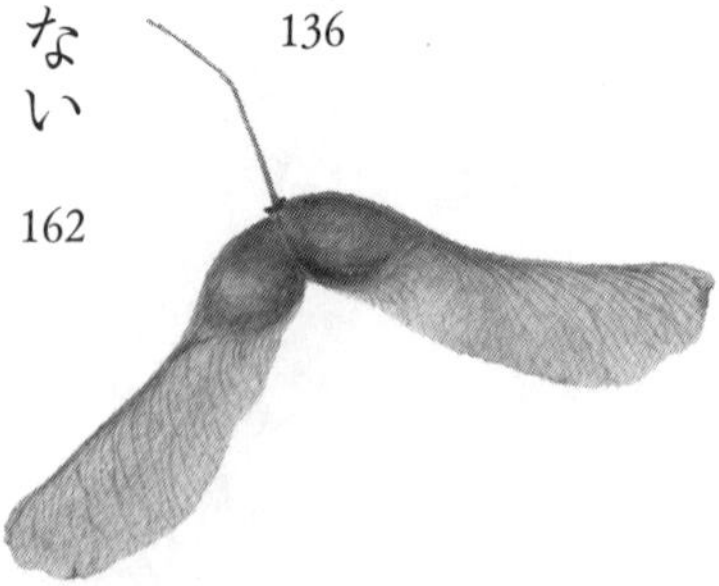

まえがき

2019年のひな祭りの日、私が代表理事に名前を連ねる一般社団法人日本ケアラー連盟は、名古屋市内でシンポジウム「障害者家族のノーマライゼーションを考える」を開催しました。本書はそのシンポジウムを契機に生まれたものです。本書タイトルは、このシンポのキャッチ・フレーズ「わたしたちはふつうに老いることができない」からとったもの。チラシ担当の理事仲間、故東一邦さんが考えてくれた、このキャッチを初めて見た時、私は「そう、そう、そうなんです！　私が言いたいのは、まさにズバリこれ！」と手を打ちました。私にとっては、さまざまな思いを詰め込んだ渾身の企画でした。

「老いもすれば病み衰えもする、当たり前の生身の人としての親の姿と思いが、もっと言語化され可視化される必要があるのでは」という明確な問題意識をもつようになったのは、2016年から2018年にかけてのことでした。この間、相模原市の津久井やまゆり園での元職員による障害者殺傷事件、寝屋川市と三田市で高齢の親が障害のある我が子を監禁した事件が相次いで起こり、障害当事者と親（家族）の関係をめぐって議論が広がりましたが、そこでは親その人が体験してきたものという視点、そして親の高齢化という問題がともに抜け落ちているように感じました。そこで問題意識を共有している親しい学者お二人に声をかけて、シンポジウムが実現しました。

当日の講演は、まず日本福祉大学社会福祉学部社会福祉学科教授で日本ケアラー連盟理事でもある湯原悦子さんによる「追い詰められた親が引き起こした殺人事件」。介護虐待と介護殺人のデータの分析に続いて、高齢の母親が寝たきりの娘を殺害した痛ましい事例の詳細が紹介され、家族介護の補完ではなく適切な親離れ子離れを実現するための外部サービス、親が信頼できる社会的支援の必要など、未然に防ぐための方策が提言されました。次に、佛教大学社会福祉学部社会福祉学科准教授の田中智子さんによる「親たちはどのように生きているのか?」。障害者の家族、とりわけ母親にはケア役割の専従化によって経済的な貧困の他にも、関係的な貧困（夫婦間の立場の弱さ）が起こり、それが二次的依存（誰かのケアを引き受ける人がそのために自分も社会資源に頼らざるを得なくなること）につながる実態を指摘。障害者のノーマライゼーションだけではなく、障害者と家族のノーマライゼーションを追求する必要が語られました。親にも〝老いる権利〟がある、という言葉が印象的でした。3つ目の講演は、私が「老いていく親として思うこと」としてお話ししました。その内容は本書を読んでもらえば推察していただけるでしょう。

私はシンポジウムが終わって間もなく、重い障害のある子をもつ高齢期の女性たちにインタビューを始めました。シンポジウムでは、学者二人がデータの分析で親の高齢化という問題の「大きな絵」を描いた後で、親の一人として私が自分自身の体験と思いを語ることに意味はありました。語りにくいことだからこそ、まずは語れる者が語るしかない、という思いでもありました。それでも冒頭で「うちの娘は6歳の時から入所施設で生活していますので、在宅の親御さんたちからすれば、なんて生ぬるいことを言っているんだろう、と思われるような内容が多くなるかと思います。とにかく誰かが口火を切らないと、という思いでやってきました」と断わる必要を感じていました。私よりはるかに厳しい生活状況の親御さんたちがたくさんおられます。さまざまな調査では、主たる介護者の八~九割が母親です。私よりずっと年長の方々もおられます。そういう人たちの「これまで」にあった体験の数々、「今」の暮らし、「これから」についての思いを知りたい、と思いました。

インタビューを始めてみると協力してくださる方々に恵まれて、4月から11月までの間に地元広島県内から関東までの広い範囲で、50代後半から80代のお母さんを中心に、80歳のお父さん一人と専門職5人を含め、45人の方にお話をうかがうことができました。主として、重度重複障害(いわゆる重症心身障害)と重度知的障害のある人の母親を対象としました。重度知的障害を伴う発達障害また重度の発達障害の方の親御さんも含まれています。ごく少数ですが、どちらかという と知的障害よりも身体障害の方が重いお子さん、ダウン症のお子さんをおもちの方も含まれました。インタビューを進めていくにつれ、そこで浮き彫りになる問題は専門職の側からはどのように見えているのかが気になり始めたので、少数ですが専門職の方々にも話を聞きました。

私はこれまで、重い障害のある子どもをもつ母親としての自分の体験を掘り下げ、それによって一般化して問題を考えるという書き方をしてきたので、当初はそのように書くつもりでした。参考のために何人かにインタビューさせてもらうつもりだったのですが、お話を聞かせてもらうにつれ、そこで語られる来し方は私の想像を超えるものばかりで、だんだんとこの本のイメージが変わってきました。多くの人の体験や言葉や思いの断片をモザイクの一片一片として拾い集めて、私たち重い障害のある子どもをもつ母親たちがこれまでどのような体験をして生きてきたのか、今こうして老いの中で何を体験し何に困っているのか、これからに向けて何を思い、何を感じているのかを、ひとつの「絵」として描くことができれば……と考えるようになりました。

そのため、実名でも構わないと言ってくださる方も何人かおられたのですが、どなたもお名前を出さずに書かせてもらいました。同様の意図から、それぞれの人の語りは基本的には標準語に変換し、その土地の言葉ならではのニュアンスが捨てがたい場合などにのみ方言を残しました。

なお、本文中、いわゆる「重症心身障害児者」については、「心身の障害」と捉えられる表記に疑問が呈されていると聞き及んでいることもあり、場面や前後の流れに応じて「重症児者」「重度重複障害」などの表現としました。また知的障害と発達障害については個々の人についてはは私に伝えられたままに記し、包括的に触れる場合には「重度知的 and/or 発達障害」という表記としました。

文中に登場する人名はすべて仮名。年齢はインタビュー時のものです。

私の力不足から、「モザイク画」が十分に成功していないところも多々あると思いますが、協力してくださった方々のおかげで、ささやかな1冊の本を、こうして形にすることができました。お忙しい中で貴重な時間をたくさん割いてお話を聞かせてくださった多くの方々に、心からお礼申し上げます。

第1部

これまでのこと

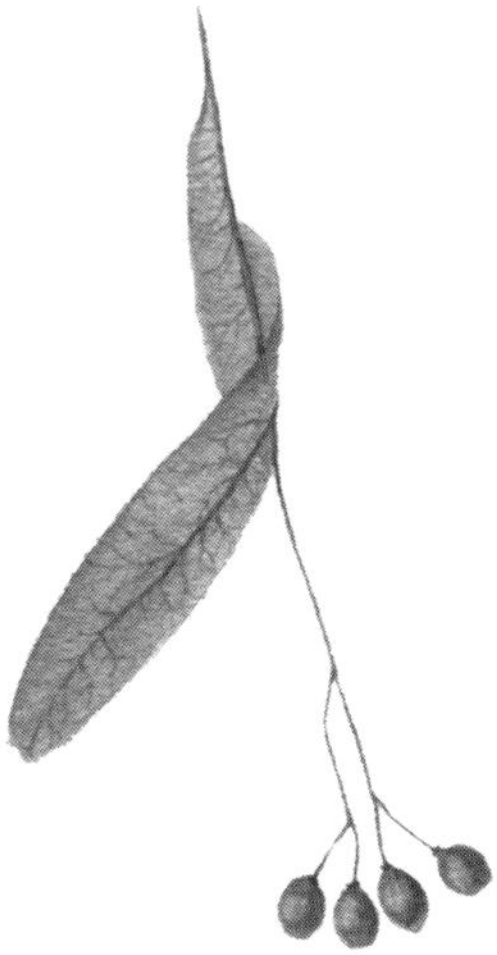

第1章　障害のある子どもの親になる

私はいつ「障害のある子どもの親になった」のだろう……？　とっくに還暦を過ぎた今でも、時にぼんやりと考えることがある。そして、「なった」の捉え方によって、それにはいくつもの答えがあるなぁ……と思う。

客観的な状況から言えば、娘の海は出産途上に障害を負ったのだから、彼女が生まれた30年以上前のあの日に、私は「障害のある子どもの親になった」のだと思う。31歳の誕生日が目前だった。地元の大学で専任講師として英語を教えていた。中学高校6年間を通じて同級生だった夫は建築資材会社の営業マン。結婚以来、女だから男だからと性役割にとらわれることなく、一緒に家事をやって暮らしてきた。だから、生まれてくる子どもも私の母の手を借りながら二人で一緒に育てれば、これまで通りに共に働いていけるはずだし、それは今よりずっと楽しいことの多い生活に違いないと胸を弾ませていた。若く未熟な夫婦だった。

その日、私は明け方4時ごろに破水し、車で家を出る頃には、夏の終わりの夜は明け始めていた。まだ人気のない町がいつもとは違って幻想的に見えたのは、私たちの緊張と興奮のためだったろうか。空気はひんやりと薄みずいろで、水の底に沈んだ町を走っているような気がした。

「あ！　忘れた！」という私の言葉に「え？　忘れもの？」と、夫が慌ててブレーキを踏みかけた。「満潮の時刻！　見てくるのを忘れた！」。

新しい命は潮が満ち引きする宇宙のリズムに合わせて生まれてくるものだという話は、どこで読みかじったのだったか。自然の営みの中に母も子もくるみ込まれて、子はいのちそのもののリズムと呼応しつつ、母の胎内からこの世に送り出されてくる——。そんなイメージが気に入っていた。未知の体験への不安を和らげてくれたからかもしれない。とはいえ、わざわざ家に帰って確かめるほどのことではなく、私たちはそのまま産院に向かった。満潮時刻を見てくれば何時ごろに生まれるかの目安があったのになぁ、とちょっと残念だったことを覚えている。

結局、海が生まれた時刻が満潮に当たっていたかどうかは分からないままになった。無事に生まれていれば後で確かめてみるのどかな日もあったかもしれないけれど、海はほとんど死んだ状態で生まれてきた。生まれた場所も早朝に私たちが向かった産院ではなかった。分娩の途中で私が意識を失い、産院から救急車で大病院に運ばれたためだ。それから何時間も一人で寝かされた後、いきなり始まった「さあ産め」「やれ産め」の大騒ぎで強引に引っ張り出されたのだから、宇宙のリズムとは無縁の生まれ方だったろう。海はぐったりして動かず、産声はなかった。すぐさまＮＩＣＵ（小児集中治療室）の保育器に入れられ、人工呼吸器をつけて何週間か生死の境をさまよった。

ＮＩＣＵは産婦人科病棟の入り口にあり、産後の私は奥の病室に落ち着いていられなかった。

一日に何度もＮＩＣＵへと足が向き、小さな受付の窓から何度も中を窺っては、離れがたくてあたりをうろついて過ごした。

海が生まれて3日目の未明にも、私は眠れないままＮＩＣＵに引き寄せられていった。そして廊下に思いがけない人を見て驚いた。夫の方も、寝静まった病棟からふらふらと現れた私に狼狽を見せた。産後の母親には伏せておくはずだった話をやむなく明かしてもらったところでは、海の胃に穴が開いて緊急に手術をすることになって昨夜呼び出された、手術は成功し、海はＮＩＣＵに帰ってきたところだ、という。

私は「ふ〜ん。でも手術は成功したんじゃね。よかったぁ」と、呑気な受け止めをした。自分で呼吸できないほど状態が悪いことは、ちゃんと理解している。現に保育器の中の苦しそうな姿も見ているのに、さらに胃に穴が開いて手術を受けたという事態の重大さが、私には飲み込めていなかった。つい最近夫に訊いてみると「あの時は何がなんだか分からなかった」という答えだった。「何がなんだか分からないまま、大丈夫だと根拠もなく信じていた」という。私もＮＩＣＵから離れがたいほど我が子の命が案じられる一方で、「でもきっとこの子は大丈夫」とどこかで思い込んでいたような気がする。

海はその後も何度も肺炎になり、敗血症にもなった。毎日のように交換輸血のために献血してくれる人が必要だという電話がかかり、昼夜を問わず駆けつけた。「予断を許さない状態です」という医師の言葉を何度聞いたか分からない。過ぎていく刻々を祈りで塗りつぶして暮らすような日々だった。けれど、呼吸器が外れてしばらくした頃にＮＩＣＵの奥の部屋で医師から「将来、障害が出るかもしれません」という話を聞いた時、私の口から出たのは「先生、命と引き換えの手足の自由くらい、いったいナンボのもんですか」。命が助かったことの喜びはそれほどに大きかったし、「障害」という言葉からイメージできるのは「ちょっと手足が不自由」くらいでしかなかった。重大な事態に直面しているさなかの親の思いは、なんてチグハグなのだろう。

海が退院して毎週通うようになると、当時の大病院は、総合受付でカルテを受け取って患者自身が受診科の受付まで持っていくシステムになっていた。何度目かの通院時、生まれて間もないのに既に分厚い海のカルテを手にすると、私はトイレに向かった。禁忌を冒しているという後ろめたさと、母に託している海も気がかりで、落ち着いて読むことはできず、あちこちのページに忙しく目を走らせていると、目に飛び込んできたのは乱雑に殴り書きされたbrain atrophy という文字。その横には脳のＣＴ画像の手描きスケッチがあり、いくつか矢印が付いていた。脳萎縮――。全身が総毛立ち、茫然となった。あの時、私は何を感じたのだったろう。何も感じられなかったのではなかったろうか。便器のそばで身動きもできずに立ち尽くし、その二文字を凝視していたのを覚えている。

やがて海はけいれん治療のために2か月ほど入院した。隣の個室には23歳の寝たきりの男性がいて、ずっと付き添っているお母さんはとても親切な人だった。「息子に会ってやって」と誘われて足を踏み入れた病室で、私は生まれて初めて寝たきりの成人男性を間近に見た。手足がねじ曲がって固まっている。「うー。うー」と言葉にならない声が漏れてくる口は、歯茎が真っ赤に腫れあがって突出している。「デパケン（抗けいれん薬）の副作用で歯茎が少しずつこうなってくるんよ。防ぐためには、歯茎を丁寧にブラッシングしてあげたらいい」「ヨーグルトなら食べやすいし便秘予防にもなるから、売店で買って食べさせてあげるといいよ」と教えてくれる口調は優しかったけれど、私は早く部屋を出ることばかりを考えていた。我が子が飲み始めたばかりのデパケンにそんな副作用があるなんて医師からは聞かされておらず、ショックだった。なにより、その異様な姿をした男性のそばから、とにかく一刻も早く離れたかった。

翌日からその人はヨーグルトを買いに行く時にノックしては「一緒に行かない？」と温かい笑顔で誘ってくれたけれど、私はいつけいれん発作があるか分からないから海を一人にしておけないと言って断った。私はまだ、「先輩」の親切を素直に受け入れられるだけ「新米」にすらなれていなかった。

その一方で、夜中に巡室に来た看護師さんがゆっくり話を聞いてくれた時には「この子は将来どうなるんじゃろうか。……私ら親が死んだあとは、どうなるんじゃろうか」と不安が口からこぼれ出た。「国がどうにかしてくれるよ。放っておくということはないから大丈夫よ」と答えてもらったのを覚えている。本当に「大丈夫」と思っていいのかどうか、「国がどうにかしてくれる」というのは具体的にこの子がどうなるということなのか、あの夜の私には、あまりに茫漠と掴みどころのない話だった。

インタビューで話を聞かせてもらった重度重複障害の子をもつ人の多くが、私と同様に、出産と同時に思いもよらない事態に直面し、医療現場で過酷な体験をしていた。

ある人は、「修羅場となった分娩室の悪夢のような光景は、今でも思い出すと胸が苦しい」と言う。一卵性双生児の一人を死産で失い、残った一人が重い障害を負うことになった。双胎と分かった時に大きな病院を紹介してくれなかったばかりか出産時の対応もまずかった産院への不信と、自責の念が今も残る。「（無事に生まれるだろうと思い込んでいた自分は）なんて傲慢だったんだろうと、浅はかな考えや知識のなさが悔やまれます」。

生まれたばかりの我が子の命を救うかどうかの選択をいきなり突きつけられた父親もいる。先天性水頭症だと告げられ、医師からその場で手術を希望するかどうかの決断を迫られた。手術に同意したが、その際に一瞬だけ迷ったことを父はずっと引きずり、後になって子どもに詫びたという。妻は、すいぶん後になって夫から打ち明けられたそうだ。

ある人の息子は７００グラムの超未熟児で生まれ、すぐさま我が子だけが町の産院から救急車で総合病院に運ばれた。妊娠24週の早産だった。顔も見せてもらえないまま運ばれていき、「３日間が山」と聞かされれば、感じるのは恐怖感だけ。「保育器の中で管理している」と言われても、何がなんだか分からなかった。

対面したのは自分自身が退院した１週間後。どんどんＮＩＣＵの奥へと案内されるにつれ不安が募った。部屋の一番奥で我が子と対面した時には「想像を絶する光景だった」。全身が赤黒く、つるつると肌が剥き出しになっている感じ。「人間には見えない」と思った。NICUを出るなり、しゃがみこんで泣き続けた。しばらくは面会に行けなかったという。

生まれた直後に異常が分かることが多く、当時すでに「早期発見・早期療育」を掲げた療育スタートへのルートができていた重症児に比べて、ある人が言ったように「知的障害は見た目に分からないし、親もまだ知識がないから気づきにくい」。そのため、親がおかしいと感じながらも、障害が決定的に分かるまでには数年かかったケースが多い。時代背景としても知的障害と発達障害については専門的な対応が遅れていたと多くの人が証言する。「知的障害のある子は〝どもり〟の矯正教室に行かされていた時代だったからね」「20年くらい前にADHDという言葉を聞くようになった。専門的な対応のスタートはその頃だったんじゃないかな」。それに「あの頃は、お医者さんが親にはっきりしたことを言ってくれない時代だった」「看護師さんに訊いても、自分の立場では言えないと言葉を濁して教えてくれなかった」。そのため、「あの頃の知的障害の子の親はいろんな病院をぐるぐるしていたね」。

一方で、専門的な対応が進んできた現在では逆に、保育所や幼稚園の時期から発達障害じゃないかと検査を勧められては療育機関や支援学級へと「早期に振り分けが始まっている」と、懸念する人もいた。

60代、70代の親たちが子育てをした当時は、発達が遅かったり多動やこだわりがあったりする子どもを受け入れてくれる保育所や幼稚園は稀で、親が自分で探し回るしかなかった。幼稚園を訪ねて相談しているさなかにも姿をくらませてしまうので、「そんな子は受け入れられない」と断られてしまう。ベビーブームで知的障害児の通園施設は待機が多く、入りにくい時代でもあった。多くの人はあちこちに手がかりを求め、知人やたまたま出会えた専門職に相談しては、受け入れてくれる幼稚園や通園施設や療育の場にやっとの思いでたどり着いていった。

知人の助言で3歳から専門家に繋がることができた人は、初めは「そのうちにしゃべるだろう」と考えていた。幼稚園で周りの子どもと明らかに違うなと分かってきたころに「この子は障害者として生きていくのだろうな」と思った。小学校に入学する年齢になって、市から案内のあった身体検査に行くと「普通の学級では無理だから養護学校になります」と言われた。その晩には「枕が濡れるほど泣きました」。そんな時にも隣でいびきをかいて眠りこけている夫に腹が立ってならなかったのを覚えているという。

今から振り返った時に、あぁ、自分はあの時に「障害のある子の親」であることを引き受けた、あるいは覚悟を決めたなぁ……と思い出す場面なりエピソードなりがありますか、とインタビューで訊いてみた。

子どもが生後2か月の時に参加した療育施設の母子入園の冒頭、療育センターの所長訓示で

「今ここで覚悟を決めてください。皆さんは障害児の親になっていかないといけない」と「バシッと言われた」という人がいた。そのおかげで早期発見・早期訓練ができて我が子の障害が今の程度で済んだと、その人は、その訓示にもそこの職員の専門性の高さにも感謝している。

子どもが3歳のころに通園施設の見学に行き、鍵のかかった玄関や当時の「精神薄弱児通園施設」という看板にショックを受けたと語る人は、4歳で手帳を受けとり、表紙の「精神薄弱」という文言を見た瞬間に頭が真っ白になったそうだ。それでも、その手帳をいつのまにか堂々と提示している自分に気づいた時に、「あぁ、私は障害のある子の親になったなぁ」と思った、と振り返る。

重い障害のある子どもが生まれたために離婚することになった人は、実家に帰ろうとしたら、母親から「世間体が悪いから帰ってくるな」と言われた。その時に、自分は「母親にはもちろん、この先は誰にも頼らずにこの子を育てていくと覚悟を決めた」という。

離婚した時に子どものためを考えて実家を頼ることができなかった人もいる。知的障害のある子どもを二人連れて離婚した人は、せっかく苦労して安定させてきた子どもの学校生活を思うと学区を替わることはできず、実家に帰ることを断念したそうだ。

生後11か月で子どもが水頭症の手術をし、立位や歩行の訓練が必要になった時に、「この子を育てていくには手立てがいるな、と覚悟しました」と語る人は、76歳。同時に、「夫にも頼らず一人で抱えていく覚悟を決めたんです」。そういう時代でもあったけれど、夫は長男として大事に育てられた人で、家事はもちろん障害のある子どもの子育てにも何一つ手を貸してくれなかった。夫に対しては「こんちくしょう」と思っていたけど、「でも言ったところで通じないし、そんなことを思い悩んでいる暇もなかったですから」。

私自身は、この同じ問いを自分に向けた時に浮かんでくるのは「覚悟を決めた」というよりも、むしろ我が子の前にみっともない姿をさらけ出してしまった痛恨の場面だ。海が母子入園でやっと寝返りをできるようになった直後、1歳半の頃だったろうか。

私は大学の「自宅研修日」で家におり、海と一緒に畳に寝っ転がって遊んでいた。ちょっと先にティッシュの箱を置いてやると、海は寝返りと肘這い《ひじば》いで奮闘してたどり着き、何枚も抜いては嬉しそうな顔でそこら中にバラまく。不自由な小さな体でティッシュに向かって懸命に肘で這いずっていく姿はいじらしく可愛らしく、私は寝っ転がったまま後ろからほほえましく眺めていたはずなのだけれど、なぜか唐突に落ちてきたのは「この子はこれからの長い人生をこうして重い障害を負ったまま生きていくのだ……」ということのリアリティだった。もうどうにも変えてやることができない現実。その取り返しのつかなさ――。私がちゃんと生んでやれなかったから……。

この子の生涯から自分が奪ってしまったものの大きさが身体の上にどしんと落ちてきて、その重さに圧倒されて、ぺしゃんこになった。海の前にひれ伏して許しを請わないではいられない思いが切迫し、「海、ごめん。お母さんのせいじゃ……」。つぶやくや、激情の波に飲み込まれて泣き声がほとばしった。今すぐこの場で自分の体を激しく傷つけて罰してしまいたい衝動で、あおむけに転がったまま左右にバタバタと身悶えしながら、「海、ごめん」「ごめんね、海」と泣き続けた。

そのとき海がどういう反応をしたのだったか、自分の感情に翻弄されていた私は、その時の娘を見ていない。どうやって向きを変えて戻ってきたのか、いきなり顔にペチペチと当たるものがあって、見ると目の前に海の顔があった。朝、先に起きて母親を起こす時のように、小さな手が私のぐしゃぐしゃになった顔をペチペチと叩いていた。怪訝そうな眼で母親の顔を覗き込んでくる海はとても不安そうで、それまで見たこともないほど悲しそうな顔をしていた。

——いけない。

たまらず起き上がって腕に抱きとった。海の身体の温かさ柔らかさに、分別が戻ってきた。自分の腕の中にすっぽりと収まる小さな我が子が、このうえなく愛おしかった。「海、ごめん。お母さんがバカじゃった」。強く抱きしめて、もう何をしても変えてやることができないのなら、この子のために、私はこの罪悪感を手放そう、と決めた。

そんな場面がきっと、さまざまに形は違っても、どの人にもいくつもあったことだろう。そんな場面や体験を重ねながら、そして次の章で語られている苦しい子育て期を必死で生き延びながら、私たちはみんな長い時間をかけて少しずつ「重い障害のある子どもの母親になって」いったのだと思う。

第2章　重い障害のある子どもを育てる

後年、海が生まれてから数年間のことを振り返って、「まるで電車の乗り継ぎを間違えたときのようだったな」と思ったことがある。乗る予定ではない電車に間違えて乗りこんでしまう時、まだ本人はそのことに気づいていない。私たち重症児の母親たちの多くは、子どもが生まれた瞬間から思いもよらない事態につぎつぎに見舞われ、目の前に繰り出されてくる緊急事態に右往左往するので精いっぱいだった。客観的な事実だけで言えば、もうその時には「重い障害のある子どもの親」になっていたのに、そんなことに気づく余裕などなかった。そして、電車が動き出してしばらくしてからやっと乗り継ぎを間違ったことに気づく人のように、私たちは子どもが生まれてずいぶん経ってから、ふと気づく。それまでの人生からまったく別の人生へと知らないうちに乗り換えてしまったみたいに、いつのまにか人生がゴロリと劇変していることに――。

そんな時、おそらく多くの人が最も身に沁みて痛感した「劇変」の一つは、日々の生活がそれまでの人生では考えられなかったほどに心身ともハードなものとなってしまったことではなかったろうか。

海が生まれて間もなくNICUで医師に向かって「先生、命と引き換えの手足の自由くらい、いったいナンボのもんですか」と立派なミエを切った30歳の私は、自分がいかに頭デッカチの「田舎の優等生」のまま大人になったバカであるかを、海が退院して家に帰ってくるなり思い知らされた。

なにしろ海は眠らない赤ん坊だった。お昼寝はほとんどしないし、夜も寝かしつけるのに何時間もかかる。癇が強く、ちょっとした物音ですぐにビクッと目を覚ます。やっと寝てくれた、もう大丈夫だろう……と、こちらの身体をほんの数ミリずつ慎重に起こし始めるや、その気配でパッと目を開く。その瞬間の徒労感――。気を取り直して、また背中をトントンと叩き始めるしかないのだけれど、それが何度も繰り返されるとイライラしてくる。その苛立ちは手に滲《にじ》み、海は余計に寝付かない。悪循環になるから、夫婦が交代しては延々と試みる。ようやく寝ついてくれると「どうかこのまま熟睡してくれますように……」と祈るような思い。音を立てないよう、気配を感じさせないよう、何をするにも息を殺して抜き足差し足。海が身じろぎすると、ギクッとこちらは呼吸が止まってしまう。どうか、どうかこのまま眠ってくれますように……。それでも海のもぞもぞは続き、やがて「んー」と声が出ると、その瞬間にすべてがご破算だ。思わず舌打ちしてしまう。また今夜も眠れないのか、と時計を見上げて心底ゲンナリする。何時間もピリピリと神経を張り詰め続け、親の方は緊張を解いて眠るどころではなかった。

それでも、寝てくれないだけの頃はまだ良かった。そのうちに夜になるとすさまじい号泣を放ち続けるようになった。だんだんと泣き始める時刻が早くなり、夕方から明け方にかけて怒りの火の玉のようになって泣き狂う。とても「夜泣き」と呼べるような生易しいものではないのだけれど、医師に訴えても、その異様さや激しさはなかなか伝わらない。

後に重症児の母親仲間と出会って知ったところでは、あの異様な号泣に夜ごとに苦しんだという人は多かったし、今回のインタビューでも同じ体験を語った人は子どもの障害の種類を問わず何人もあった。「狂気のように泣きました」とある人が口にした言葉が、私たち夫婦を含め多くの親たちが子育ての一時期にひたすら耐え忍び、どうにかしてやろうと真冬でも汗をかく思いをした、あの号泣をそのまま形容している。

海はやがて夕暮れから激しく泣くようになったから、当時の私たちは仕事を終えた後で私の実家から海を連れて帰ると、片方が海を抱いてあやしている間にもう片方がかろうじて家事をし、交代で食事をとった。途切れることなく家中に響き渡る泣き声に耐えながら、機械的に食べ物を咀嚼して飲み込む。そうやって生活を回し、わずかでも眠ろうと試みるが、その内には近所への気兼ねから、車で連れ出して人気のない埋め立て地に向かうようになった。夫婦が交替で海を抱いては真夜中の埋め立て地を延々と歩き続ける。夜が深まるにつれ、山あいの家々の灯は少しずつ消えていき、そのうち真っ暗になる。平穏な眠りに静まり返った世界は、遠く冷たく無関心で、私たち親子を助けに来てくれる人はどこにもいなかった。そうして明け方近くにようやく家に帰り、ほんのわずかな眠りの後で朝が来ると、海を私の母に預けて夫婦それぞれに仕事に行った。

やがて、けいれん発作が出ていることが分かり、入院治療で発作が収まるにつれて異常な号泣もなくなっていったけれど、今度は幼児期にかけて言語に絶する虚弱との格闘が待っていた。海は生来が陽気な性分で、元気でいる限りはご機嫌な子どもだった。が、今キャピキャピはしゃいでいた子が、ほんの30分後にぐったりと高熱を出したり、いきなりゲボッと吐いたりする。風邪をひきやすく、あっという間に気管支炎、肺炎に進むのがお決まりのコース。家でハラハラと寝ずの看病を数日続けた挙句、救急部に運び込んで点滴と検査。真夜中に結果が分かって緊急入院――。そんなことが私たちの日常になった。

自分以外の命をひとつ丸ごと我が身に背負って暮らすのは、背負うものの心身をすり減らしていく重圧だ。いつ何が起こるか分からない緊張で、気を抜けない。いつも気を張って、何がやってくるかと身構えている。家でヤキモキしながら寝ずの看病をするのも、結果がどうなるか分からず救急部で真夜中まで検査結果を待つのも、入院に付き添うのも、病院から仕事に通うのも、みんな心身ともに疲弊する事態だった。

今あの頃を振り返ると、緊急事態が日常として居座ってしまったような暮らしだったなぁ、よくあそこを生き延びてきたなぁ、と思う。あれをもう一度やれと言われたら、私は間違いなく「死んだほうがマシだ」と答えるだろう。

――地獄。

インタビューで「子育て期はどういうものでしたか」と質問したら、即座にこの一言が返ってきたことがあった。子育て期を頭に浮かべた瞬間に連想した言葉が思わず口から転がり出た。そんな答え方だった。

インタビューでは「子育て期はどのようなものでしたか」という質問の他に、「一番つらかったのはどういう時でしたか」という質問項目を用意していたのだけれど、ほとんどの人にとってその二つは同じ一つの質問に等しいようだった。そしてその質問への答えの中で、「地獄」という言葉を使った人は他にも何人かあった。その言葉こそ使われなかったけど「そういうことなんだな」と思わせられる体験も多かった。

ここでも、いわゆる重症児と重度知的障害and/or発達障害のある子どもとでは、子育て期の辛さのカタチは異なっている。が、生まれてから青年期までのどこかに、あるいはその期間を通じてずっと、母親たちがあまりにも多くを背負って心身を消耗させながら、なお頑張り続ける以外にない日々があったことは共通している。ある人が「母親仲間と話していると、通園時代の世の中のことって歌にしてもドラマにしても、どの親も空白になっているんですよ」と言ったけれど、それは私たち夫婦も同じだ。時々懐メロ番組で年代別に流行した歌が紹介されることがあるけれど、その日その日生き延びるだけで精いっぱいだった海の幼児期に当たる90年代の歌もテレビ番組も、「おかあさんといっしょ」以外はほぼ馴染みがない。

そんな子育て期についての語りを紹介してみたい。

子どもの命を我が身で支える

●けいれん発作には、全身に来るもの、腕だけのもの、奇声をあげるもの、嘔吐するものなどいろんなパターンがあり、呼吸が止まることもあるので、常に目を離せず、いつも緊張していた。

●一番辛かったのはしょっちゅう病気をされたこと。しょっちゅう救急に運び込んでいたし、入院すると、おとなしくしていられる子じゃないから同室の人に気を遣って、いつも胃が痛くなっていた。

●赤ん坊の時は、とにかく眠らない子だった。やっと寝てくれたと思っても、ちょっとしたことですぐに起きてしまう。あの頃は、まともに寝たことがなかった。地獄だった。子どもが起きている間はずっと抱いておけと医師から命じられていたので、言われた通りに子どもが起きている間はずっと抱っこしていたら腱鞘炎になって、痛くて痛くて力が入らず、箸も持てなかった。あの頃が、一番つらかった。

●ゼロ歳から2歳までは手術また手術の連続で、付き添いが大変だった。泣くと病気のためにチアノーゼが起きるので、「絶対に泣かせるな」と医師から厳命されていた。簡易ベッドで付き添いながら、自分は眠らずにコットを揺すり続ける以外になかった。

麻疹での入院の時は、母親の方も肺炎になり高い熱を出した。家族はガラス越しに面会に来てくれるけど、泣かせてはならないし授乳もあるから、代わってもらうわけにもいかない。しんどい身体に点滴を受けながら、解熱の座薬を入れられて、眠ることのできない付き添いを続けるしかなかった。簡易ベッドでついウトウトすると、恐ろしい夢を見た。猫がわっと顔に飛びついてくる夢。猫は生理的に耐えられないほど大嫌いなのに、その猫が顔に覆いかぶさってしまう悪夢を繰り返し見た。「あの時は、地獄を見たね」。

●60代で「今でも子育て期が続いている感じ」と言うのは、やはり「眠らない子」に苦労してきた人だ。32歳の息子には知的障害と発達障害があり、ＧＨ（グループホーム）で暮らす今でも眠らない。睡眠薬を飲んでも平気で起きている。

子どもの時には寝かしつけるのに必死で、ビリビリしていた。下の子が学校でもらってきたプリントを母親に渡そうとして、そうっとふすまを開けかけると、せっかく寝付いたばかりなのに！　と腹が立ち、「そこに置いておきなさい！」と、きつい言葉で叱ってしまうこともあった。「下の子としては、なんとかお母さんにプリントを渡さなければいけないのにどうしようと困って、一生懸命だったんでしょうにね……。かわいそうなことをした、下の子二人には迷惑をかけたと思います」。

きょうだい児

●昔、上の子が私に話しかける時に「おかあさん、今いい？」と前置きしていることに気づいた時に、はっとした。

●三つ違いだから、姉が小学4年になった時に障害のある弟が入学してくる。どこかから息子の声が聞こえてくると、みんなが姉の方をぱっと見る。それを娘は「見られて悔しい」と言った。本当は「見られて恥ずかしい」だったんだろうに、言えない雰囲気を母親が作っていたんだろうと思う。

その娘が中学校で不登校になった。高校生の時に母親の私を「あんた」と呼んだ。「あんたに私の気持ちなんか分からん！」と叫んで、畳を掻《か》きむしって泣いた。その時に初めて、娘と一緒にこの世から消えてしまいたいと思った。最近では周りから子どもの障害を親の責任のように言われることはなくなったけど、不登校は親の責任のように言われる。「お姉ちゃんのことはほったらかしだから不登校になった」と言われたこともある。障害のある息子のことよりも娘の不登校の方が辛かった。

●座談会形式のインタビューで

「何年か前に、兄二人に『障害のある弟のことでいじめられたことはあったか』と聞いたら、『忘れた』と答えたので、やっぱりあったのだな……と。でも、幼少期には子どもたちから聞いたことはなかった」。

「兄弟の障害を理由にしたイジメのことって、親には言えないんだよね」。

「『やられたらやり返してええで』と言い聞かせていたんだけど、子どもの方から親にそういう話をしたことはなかった」。

「兄弟には子どもなりに親への気配りがあったけど、親の方は障害のある子どもを抱えてこれからどうやって生きていこうと、自分自身が必死で余裕がなかったんだよね」。

方策を見つけてやれない苦しみ

●病院巡りに明け暮れていた。発達の遅れを何とかしてやりたいと、そればかり考えていた。お風呂でお湯に漬かって「これは現実なんだ。夢じゃないんだ」と自分に言い聞かせていた。

●けいれんのコントロールが難しかった。3歳の時には尖足なりに普通に歩いていたし、コミュニケーションもそれなりにとれていたのに、けいれん発作のたびに後退していくので、何とかしてやりたいと必死になった。大学病院でケトン療法をやったことがあったが、低血糖になったために中止せざるを得なかった。ケトン療法が最後の頼みだったのに、がっくりきた。この時が一番つらかった。

●障害のある子の子育てについて情報がない時代で、どう育てていいのか分からない間が一番つらかった。大きな書店に行って障害児についての本を次々に買って帰っては、読んで勉強した。

●1歳半検診の制度が始まった頃の子育てだった。その検診で鶏の絵を見せられた息子がその紙をバーンと閉じたら「なんや、この子?」と言われた。当時は小児科の医師も自閉症のことを分かっていなかったし、いつも「何の問題もない」「発達が遅れているからといって親が甘やかすのがいけない」と言われていた。

通院・通学

●5年間、週に1度バスで片道2時間かけて言語訓練に通った。朝7時50分に家を出て、途中で渋滞したら到着が12時前になることもあった。バスで子どもが騒ぐと、みんなの視線が突き刺さってくる。ジュースを渡して機嫌をとるけど、それがこぼれるとパニックを起こす。子どもも泣く。情けなくて母も泣く。そんなバスでの通園だったけれど、通ううちに少しずつ子どもも変わっていった。

●知的障害のある子どもが大学の付属養護学校に入る時に、「バスで通学できますか」と訊かれたので、6歳の子どもと一緒に生後10か月の下の子をベビーカーに乗せてミルクとおむつを持ち、ラッシュ時の満員バスに乗って学校まで連れて行った。いったん家に帰ってから、また赤ん坊を連れてバスに乗って迎えに行って一緒に帰ってくる。そういう生活を3か月くらいしたところで、帰りは学校の先生が乗せてくれることになり、親は朝だけ連れて行って帰りはバス停で迎えればよくなった。

この子が生まれてからずっと時間に追われて暮らしていたなぁ。いつも「あの子が帰ってくる」「あの子が帰ってくるから」と言いながら暮らしていたなぁ……。

●パニック・自傷他害

自閉症の娘は思春期に荒れた。時間へのこだわりが強くなり、睡眠時間も不安定になった。もともと音が苦手で、大声で泣き叫ぶ。外でやられると辛かった。赤ちゃんの泣き声が引き金になるので、出かける時には赤ちゃんに遭遇しそうな場所は避けた。出かけている間じゅう引き金になるような物音が聞こえてこないか不安で、いつも緊張し、気を張っていた。

家でも娘が大声で叫び始めると、娘を思うように制止できない自分も情けないし、近所に対して恥ずかしいし、イライラが募った。その頃、ストレスと睡眠不足から、目が覚めた瞬間に目の前がグルグル回って起きられなかったこともあった。あの頃、防音部屋があったら娘を押し込んで安心して眠りたいと思った。

●自傷・他害がひどくなったのは17歳くらいから。家では他害は母親に向かうんです。体中を噛《か》みつかれてきました。目を見たら「来る」と分かるんですよ。そういう時は、まるで他人を見るような目になっているから。そのうち「来るぞ」と予測できる時には、全身を沈み込ませられる椅子に座って身を守ることも覚えましたが、完全に避けられるわけではない。血だらけになることもあった。何があったか分からないけど、その日に外であったことの鬱積《うっせき》を帰るなり母親にぶつけてくる感じですね。ある時は車の後部座席に乗り込んできたとたんに肩に噛みつかれたので、運転中でもあり前を見たまま、離そうと手だけを伸ばしたら、今度はその手を思い切り噛まれた。血まみれで病院へ行ったら、看護師さんが気の毒そうな顔で「大きかった

の？」って……。犬にやられたと思ったんでしょうね。

噛まれるのはまだ予測も予防もある程度できるけど、後ろ向きにいきなり物を投げられると、タイミングによっては縫うほどの怪我になった。でも、地元では未成年には入所する施設がなく、病院への入院しか手がなかった。入院はあまりにかわいそうで、させられなかった。

（「いくら我が子でも怖くなりませんか？」と思わず聞いてみたら）もちろん暴力がくるのも怖いけど、それ以上に怖いのは、「おおごと」「おおごと」になったらこの子が連れていかれてしまうこと。だから、この子のためにも、とにかく「おおごと」にならないように、なるべく興奮させないように、なるべく暴力にならないように、と考えて、いつも気を張っていました。

●座談会形式のインタビューで

「知的障害のある人の暴力は、甘えているのに母親に向かうんです」。

「うちでは、母だけではなく弟にも暴力が向かっていました。暴力があんまり続くのに耐えかねて、一度だけ110番したことがあります。警察が来た時には、もう冷静になっていましたけど」。

「暴力は母親に向かいますね。思春期になって、自分の力が上だと分かってくると暴力がひどくなる。そういうことから、思春期に施設に入れざるを得なくなる家が多いんです」。

「息子が作業所から帰ってくる30分前から、ため息が出るんです。ある時、夫が壁の時計を見上げて『もう三時か……』とため息交じりにつぶやいたのを聞いて、あ、やっとこの人も私のところへ追いついてきたな……と思いました（笑）」。

反抗期・自立

●当時は、学校の先生が運動とつないでくれた時代。子どもが小学校の頃に、いくつかの運動体の親が一緒に見学に行った先で、仲間たちが一緒に働いて、夜は一緒に話をして、親なんていないほうが幸せに生活しているという姿を見て、自立させたいと考えるようになった。

息子も反抗期になると「ママない、ない。ジョー・パ・ブー」としきりに言うようになった。「お母ちゃんが鬱陶しいから、（○○園の）ショートステイに、パジャマを持って泊りがけで行きたいから、車で連れて行ってくれ」という意味。当時はショートステイも空きが多く、本人が望んでいくのが分かると、向こうから「この日は空きがありますが、どうですか」と電話があったりもした。数時間の利用でも報酬が1日分ついた時代でもあった。

トイレに行っても自分では拭けないから、母親にお尻を拭いてもらいながら「ママない、ママない」と言う。親と距離を置きたい時期が来ているのに親の世話になるしかない、そんな息子がかわいそうだった。私自身、大学に入って家を出た時に嬉しかったから、親と離れるのが嬉しい時期に親元から出してやりたいと思って、施設に入所させ、その後GHに移った。

●自閉症の娘は思春期になると、母親との間に距離を取ろうとしていた。それに気づいたので、別々に寝るようにしたり、お風呂も別に入ったりするようになった。

●ダウン症の34歳の息子は、今は自分でバスで通所に行っている。親の気配の中で自分中心で暮らしている感じ。この前、抱きしめてやろうとしたら本気で嫌がられた（笑）。父親が抱きしめようとしたら、もっと嫌がられた（笑）。そろそろ本人は親から離れたがっているんだな、と思った。

行方不明

●子育て期は「地獄」。大変だった。多動はあるし、よその家に上がり込むこともしょっちゅうで、学校の先生に一緒に謝りに行ってもらったこともあった。まだ周りに理解がない時代だったから、本当に辛かった。いつどこへ行ってしまうか分からず、目を離せなかった。山間部の農村地域なので、いなくなるとまず農協へ行く。「そういえばあそこを歩いていたぞ」などと教えてもらえた。そんな子育てに対して同居の舅姑から理解が得られず、いつもバトルになった。酒飲みの舅もよく行方不明になっては、探しに行くと怪我をしていたりしていた。しょっちゅう舅を探し回るわ、息子を探し歩くわ。あの頃はそんなことに明け暮れていました。

●二つ違いの兄と妹それぞれに知的障害があり、小さな時には下の子を連れて多動の兄の病院通いを続けた。二人とも手を捕まえていないと、どこへ行くか分からないから、外出する時にはいつも脇の下にそれぞれの手をしっかり挟み込んだまま歩いた。ある時、お店で支払いをして釣銭を受け取ろうとした瞬間に片方の脇が緩んでしまった。兄の方があっという間にいなくなり、ほうぼう探し回っても見つからない。やっと見つけてみたら、お店の奥の住居の中に入り込んでいた。

いなくなるのはしょっちゅうだった。バスに乗っているのを見つけて、必死で追いかけて外からバンバン叩いて降ろしてもらったこともあったし、線路のフェンスをよじ登っていたことも。そんなことから、通院時には下の子を夫に見てもらうことにした。

●当時はまだ自動改札ではなかったので、小さな子どもだと駅員が前の大人の連れだと誤解して通過させる。そのまま電車に乗れば、県をまたいで遠くまで行ってしまう。それでも親仲間はみんな同じ体験をしているから、「こんなことがあった」と話すと、「うちの子はこんな遠くまで行っていた」「あの子はどこそこまで行ったそうな」と、みんなで〝ミジメの自慢話〟にしては笑い合えた。しんどかった体験を冗談にして笑い飛ばしてくれる仲間がいることが救いになった。

●子どもが何度も行方不明になって警察をいくつも〝はしご〟し、近所の人たちにも探してもらっているので、そういう時には母親は三食ともご飯を食べられなかった。探してくれる人は数時間で帰っていくけど、親はずっとそこにいる。でも、その違いを意識する人はいないので、自分が協力している数時間のうちに親がご飯を食べている姿を見たら何と思うだろうと考えると、食べられなかった。そういう時、親は人に気兼ねをするばかりでとても孤独だから、さらに悪く思われるなんて耐えられない。だから一度も食べられなかった。

●ある時、遠くの警察まで迎えに行き、バスで帰ってきて降りる際に息子が料金箱にお金を入れたら、運転手さんが「ありがとうございます」と言ってくれた。それを聞いて、どっと涙が出た。

警察では「お母さん、どうして手を離したんですか」と責められるし、一日中あっちこっちに頭を下げっぱなしで、そういう時の親は深く傷ついているんですよね。運転手さんにすれば降りる時に「ありがとうございます」というのは、当たり前のことを言ってくれているだけなのに、我が子が他の人と同じ扱いをしてもらったというだけで涙が出る。ああ、人が自殺するのはこういう時なんだなぁ……と分かった気がしました。

つれて死のうか

子育て期について語りながら「この子をつれて死のうかと考えた」と明かした人が複数あった。ある人は、「施設から家に連れて帰った時に、どこで死んだらいいのだろう……と考えたよね。でも自分は死ねても、我が子は殺せないね。だから思いとどまったんだと思うよ」。またある人は、下の子を療育施設につれて行くたびに上の子が荷物持ちでついてきて、オモチャを見つけてはおとなしく遊んでいる。その顔を見ていたら、「この子を置いて逝くわけにいかない、生きなければ」と思ったという。

専門職の一人が振り返って語る。

「あるお母さんが子どもの幼児期に、気持ちが沈んで車でグルグル走っていたら、気づいた時には港に来ていた。ここでアクセルを踏んだら楽になれるなと思ったけど、仲間のお母さんたちの顔が浮かんで思いとどまった。その話を親の集まりで聞かせてくれたことがあってね。そしたら誰かが『海はやめなさいよ。水ぶくれになるから』。それからひとしきりみんなで『どういう死に方がいいか』という話になって、最後に誰かが『いい死に方なんか、ないじゃない。生きようよ』って。それからみんなでとにかく楽しいことをしようと一生懸命になりました」。

「一番苦しかったのはどのような時でしたか」という質問への、ある人の答えが、もしかしたら子育て期の私たちの気持ちを的確に表現してくれているのかもしれない。

「ある年齢までは苦しいことの方が楽しいことよりもはるかに多かった。苦しいことはたくさんあったから『一番苦しかった』というのは分からない。何かあるたびに、その時々が一番の苦しみと感じていたような気がする」。

子育て期について語ってもらった中で、私が一番たくさん聞いたのは「いつも気を張っていた」という言葉だった。

第3章　専門職・世間・家族

「重い障害のある子どもの親になった」ことに伴う生活の激変の一つとして、日常生活が心身ともとてつもなくハードなものに変わった他に、私には「世の中からの扱われ方がゴロリと変わった」という驚きがあった。当時の私は30代はじめの若輩ながら、それなりに世の中を渡ってきた一人前の社会人だったはずなのに、障害のある子どもの親になったとたんに、子どものように頭ごなしに叱られたり、上から目線で指導されるという場面が生活の中に急増した。その最大の要因は、それまでは縁のなかった大病院という世界と密接な付き合いを強いられるようになったことだった。

専門職

重症児では、我が子の障害が分かった時からすでに医療の世界に身を置いていることが多く、そのまま医療と濃密な付き合いに突入する。我が子の障害を知ったばかりの困惑と不安の中で、私たち母親にとって目の前に登場する医療専門職は唯一「縋《すが》っていける人たち」「助けてくれる人たち」のはずだった。確かに娘の命を救ってもらい、その後もさまざまに助けてもらったのは事実だけれど、当時の医療現場は患者や家族に対して医師ばかりか看護師の間でも「〇〇しなさい」という命令口調が横行し、権威主義的でもあった。

かつて障害児リハビリテーションの老舗施設を取材に行った際に、整形外科医の園長から「昭和50年代は『早期発見・早期治療』が謳われ『正常化』が言われて、脳性麻痺は治ると信じられていた」と聞いたことがある（「ボバース法の伝統を情熱が支える　小児整形外科病院・肢体不自由児施設南大阪療育園」、連載「列島作業療法」、『作業療法ジャーナル』VOL37　NO5　2003）。ボイタ法（1970年代前半に日本に紹介された脳性麻痺の療法の一つ）の訓練を1日4回やり続ければ脳性麻痺は治ると信じられていた時代の熱気は、私が海を連れて母子入園を経験した1980年代後半にも地方ではまだ色濃かった。私たちは我が子の障害を知ったばかりで動揺しているのに、そんなことにはおかまいなしに知識とリハビリの技術を習得することだけが性急に求められた。私たち母親に送られてくるメッセージとは、ひたすら「医療が家庭に求める医療的配慮を担う良き療育者であれ」「良きリハビリ施術者であれ」だった。そして私たち母親自身も医療が起こしてくれる奇跡を夢見て、そのメッセージを内面化し、その可能性に必死に縋り付いていった。

ある人は「訓練で病院に通う電車の中、この子を前抱きにして電車に揺られている時だけが、今は訓練しなくていいんだ、何もしなくていいんだと、心静かでいられた記憶があります」と振り返る。「いま振り返れば、我ながら異常だったと思う」と言った人も複数あった。ある座談会形式のインタビューで、当時の親たちの心理状態が詳細に語られた場面があった。

「いま振り返って我ながら異常だったと思うのはね、ボイタ法の訓練を1日4回絶対にやらないといけないと思い込んでいたこと。お正月も元旦からやっていたし、子どもが熱を出すと訓練ができない、やらなくていいんだとホッとする自分に気づいた時に、異常だなと思ったわ」。

「私もそうだった。ボイタの訓練に初めて行った時に、それまで胸も上げられなかった子が四つ這いの姿勢をとったから、これに命を懸けようと決めて1日4回きっちりやった。お正月だろうとおせちなんか後回し。何があろうと4回やったね」。

「幼稚園に行っている時には、ボイタの時間が来ると幼稚園まで訓練をやりに通っていたよ。起床時、幼稚園、帰宅時、就寝時とやらないと4回できないもの」。

「知的障害のある子の親からは『あんたらはしてやれること、できることがあっていいよね』と言われていた。それだけに、めちゃくちゃ訓練には励んだ」。

「何とかしてやりたい一心だったけど、親がそんな自分に陶酔していたところもあったかも」。

「でも、それだけ必死でやっているのに、ボバース法（1970年代前半に日本に紹介された脳性麻痺の療法の一つ。当時ボイタ法とボバース法の間には対立があったと言われる）をやっている病院にいくと『ボイタを1日4回やって治るなら楽なもんだ』と言われたりして。専門家にはそれぞれの訓練に合う人をちゃんと見極めてほしいと思ったな」。

「生活の中ではできることがいっぱい増えているのに、通園施設に行くようになると3か月ごとの発達チェックで『伸びていませんね』と言われるんだよね。親としては生活の中では変わっているという実感があるのに、そんなことを言われると帰り道の車の中で涙が止まらなかった」。

最後の発言にあるように、専門職に指導される「目指すべき正常な発達」と目の前の我が子が着実に「成長している」と感じる親の実感には、ギャップがあった。それには私もいつも抵抗を感じていた。「異常」を「正常」に近づけることだけが目指される専門職の指導への違和感も母子入園の最初からあった。そのため私もボイタ法は習ったものの、1日4回を死守するほど熱心にはなれなかった。母子入園から帰った日に海が生まれて初めての寝がえりを達成したこともあって、それ以後はボイタ法はだんだんとやらなくなったのだけれど、海が幼児期になると、月に一度の整形外科医の診察で「骨と筋肉の成長のアンバランスから脚が曲がってくるから、家で膝の上に重しを置いて予防するように」と指導された。もちろんそれなりに努力はしたけれど、受診のたびに「おかあちゃん、ほら脚が曲がってきとるぞ」と叱られるのが不愉快だった。立つことも歩くこともない子の脚の拘縮を完全に防ぐなど不可能としか思えない。それなのに母親の怠慢であるかのように不当な叱責を浴びることに、いつも不快な気分が残った。

前章で紹介したように、母子入園の冒頭で医師から「覚悟を決めてください。障害児の母になってもらわなければならない」と言い渡された人がいたが、そこで言われた「障害児の母になる」は、私が第1章で「障害児の親になる」という言葉で表現しているものとは中身が違うように思う。その違いが、当時の医師の「起きている間はずっと抱いておけ」「絶対に泣かせるな」といった、母親を人間扱いしない指示に象徴されているのではないだろうか。重い障害のある子どもの母親にも家に帰れば、きょうだい児を含めた他の家族との生活があることや、そもそも母親だって食べて眠る生理的欲求をもち、疲れもすれば心身を傷めもする生身の人間であることなど、考慮の外に置かれていた。母親に求められるのは何よりもまず、優秀な療育機能となり医療の優秀な手足として働くことだった。そして、私たち母親もまた、自分が頑張れば我が子を楽にしてやれるのではないか、障害や病気を少しでも軽くしてやることができるのでないかと願い、自ら進んで優秀な療育機能であろうと努めたのではなかったろうか。

世間

専門職との付き合いを強いられることになった他に、重い障害のある子どもの親になったとたんに「周囲からの扱いがゴロリと変わった」と私たちに感じさせたのは、世間だった。出産直後には「あなたがタバコを吸ったからだね」「私なら、仮にあんなヤブの産院前で産気づいたとしても、あんなところではゼッタイに産まないわ」「海という名前の画数がいけなかったんだよ」。海を施設に入れた時には「自分が好きなように働きたいから子どもを施設に入れたのね」「要は子どもを施設に捨てたんでしょ?」。他人のプライバシーに無遠慮に踏み込んでくる世間サマは、私たち障害のある子どもの親にとって厄介な存在だった。

農家に生まれ、「早く百姓家に嫁に出さんと百姓家には嫁をもらえん」と親に言われて見合いで農家に嫁いだという人が体験した世間には、言葉を失う思いになった。

葬式があると女たちが料理を作り、大皿中皿に盛り付けてもてなす時代だった。女たちが立ち働き、男たちが酒を飲む。住民総出での仕事や行事が沢山あり、男の仕事と女の仕事とが明確に分かれていた。女の仕事では年配の女たちが差配する。若い女たちは名前を呼ばれては次々に仕事を言つけられた。重い障害がある子どもが生まれた時、姑は「うちにはこんな子はおらん」と言い、仲人さんは「さぞ人が笑っとることじゃろう」と言った。「こんな子は外に出すな」と言った人もいた。

重症児の息子は頻繁に入院し、日常のケアにも何かと手がかかったけれど、地域でも婚家でもまずは地域やお寺の用事など○○家のヨメの務めを果たすことが最優先で求められた。そんな中でも農作業はちゃんと手伝っていたのに、周囲からは障害のある子どもがいるから働かないヨメだと決めつけられ、なににつけ年配の女たちから「私は子どもなんか放って畑で働いていた」と嫌みを聞かされた。そのたびに、この子は自分ではものを言うことも歩くこともできない、この子は何もかも人にされるがままだと我が子の気持ちを思うことで、耐えたという。

一方、海の幼児期に母親仲間で集まると決まって話題になったのは、世間サマの「親切ごかし」だった。通園バスまで子どもを送って行く途中、顔見知り程度の知人から「あなた毎日えらいわねぇ」とおおげさに褒められる。スーパーで子どものバギーを押していたら、見ず知らずの人から「頑張ってね」と湿っぽい声で激励される。『五体不満足』（乙武洋匡　講談社　1998）がベストセラーになった頃には、近所の人から「乙武クンのお母さんのような人もいるんだから、あなたも頑張るのよ」と訳の分からない説教を食らった人もいた。私たちは仲間内で集まれば「この前こんな人がおったんよ」「私もこんなことを言われたことがある！」と、相手の言動をオーバーに演じてみせては盛大に笑って憂さを晴らした。わざとらしい〝善意〟の裏に〝かわいそうな人〟と見下す憐憫と差別意識を敏感に嗅ぎ取り、あの頃の私たちは本当は傷ついていたのだと思う。

「こういう子を持つと、世の中の見え方が違ってきますね」と、ある人は言う。知的障害のある小学生の息子と一緒に町を歩いていたら、家の前に並べた植木に水をやっていたおばあさんが、ちらと道を行く息子に目をやるや、植木に水をかけるのとまったく同じ動作で柄杓の水をひょいっ、ひょいっと息子の足元にかけた。少し遅れて歩いていた母親には気が付かなかったのだろう。「うちの息子ですが、何か失礼なことでもしましたか」とすかさず声をかけたが、この子が何かをしたわけでもないのに、親がそばにいないと見ると人はこういうことをするものなんだ……と思ったという。

家族

けれど専門職よりも世間サマよりも何よりも、重い障害のある子どもの母親にとって時にやりきれないほど厄介な存在は、最も身近にいる家族だったのではないだろうか。

インタビューでは、舅姑から子どもの障害への理解を得られなかった苦しさを語る人が少なくなかった。知的障害のある子どもの母親のほとんどが「育て方が悪い」「しつけがなっていない」と責められた経験をもっていたし、「うちの家系にはこんな子はいない」と言われたことはありますか、と訊けば、全員が「ある」と答えた。

「あんまり理解を得られないので、仲良し学級の先生からおじいちゃんおばあちゃんに障害について話をしてもらったこともあったけど、分かってはもらえなかったですね」と言う人がいれば、「育て方が悪い、しつけが悪い、と『親が悪い』とばかり言われて暮らしていると、本当にそんな気がしてくるんですよ」と、それらの非難を母親自身が内面化していく心理を語ってくれた人もあった。「だから、自分が息抜きをしたいとも思わなくなる」。

ある人の同居していた姑は、子どもの障害が分かった直後にその人の実家にやってきて「親が娘をちゃんと育ててないからだ」と両親を面詰した。「頼むから子どもを連れて（実家に）帰ってくれ」とも言われた。「あのころが一番の地獄だった」。けれど、そんな姑も舅も、その後ちゃんと介護して見送った。「子どものことを分かってもらえなかったぶん、嫁としての意地もあったからね」。

「同居の姑は障害児なんて世間に恥ずかしいという考えだった」と言う人もいる。「だから、手帳の申請など手続きはすべて私が一人でやったし、専門医に見てもらうために遠くの病院へ行く時にも別の口実を作って内緒で出かけていました。姑とも夫とも共有できなかったし、実家に帰っても親からの理解はなくて喧嘩別れになる。どこにも共有できる場所がありませんでした」。この人はその後離婚して、シングルマザーとなった。

あまり目を向けられることがないけれど、障害のある子どもを育てている母親にとって案外にも一番大きなストレスとなるのは、実は家族内のトラブルなのではないかと私は想像している。どの家庭にも、普段は日常生活に取り紛れて隠れているが、大きなライフ・イベントでそれぞれのストレスが高まると表面化してくる根深い問題が潜んでいる。障害のある子どもの子育てが始まると、最初はみんなで力を合わせて頑張ろうと態勢を整えられる家族であっても、長く続く間にはみんな少しずつ疲れてストレスが溜まってくる。子どもの障害についての認識や理解を共有することそのものが最初から難しい家族だって少なくはない。重い障害のために手のかかる子どもが一人いることによって、それまでは日常に紛れて潜在していた種火がぼっと火を噴く。嫁姑の間に問題が潜んでいた家ではそこから、夫婦間や親子間にくすぶっている問題があったらそこから、火の手が上がり家の中が修羅場と化す。

我が家の場合は、私が自分の両親との間に根深い問題を抱えていたので、火の手はそこから上がった。異常な号泣に夜通し耐えるしかなかった海の乳児期、そして3日と元気が続かないまま〝寝ない・食べない・家から出られない・先が見通せない〟子育ての四大苦に翻弄された幼児期、私にとって一番やりきれないストレスとなったのは過酷な海のケア負担ではなかった。思い描いていたように孫と楽しく遊べない不満や孫への心配を自分で引き受けることができない人格未熟な両親は、私をストレスのはけ口にし、日々責め立てることによって私に縋《すが》りついた。その苦しさを訴えれば分かってもらえるはずだと両親をかき口説いては、そのたびにさらに傷を深めた当時の私も、まだ親に縋りつかせてもらおうとしていたのだろう。自分が幼い頃からそうして親の世話をさせられてきたことに気づき、その不毛な縋り合いを自分の方から断ち切るためには、海の子育てに心身をすり減らしながら、同時にその根深い問題と格闘する長い年月が必要だった。

インタビューを進めるにつれて驚いたのは、夫との間で子どもの障害をめぐる葛藤や子育ての負担感を「共有できなかった」と嘆く人が多いことだ。年齢が高い人ほど多いのは、やはり家事育児は妻の仕事という社会規範が強かった時代背景なのだろう。

70代の人から聞いたのは、「子どもの障害について夫婦で相談もしませんでしたよ。言っても通じないし、そんなことで思い悩んでいる暇もない。ごちゃごちゃ言われるくらいなら自分でやったほうが早いから」。あるいは「夫は長男として大切に育てられて、うちの母が『まるで殿様みたいな人だね』と言ったくらい。子どものことで私がどんなにしんどい時にも平然と知らん顔をしていました。子どもが怪我をして病院で頭を13針も縫って帰った時にも、帰るなり言ったのは『ワシの飯は?』。その時はさすがに『こんな時くらい自分で作ったら?』と言いました」。

もう少し下の世代では、「3歳の頃に通園施設に通わせたいと思ったけど、夫は『だめだ』の一言だった」「夫に子育てのしんどさを訴えても『子育てなんて誰でも普通にやっていることじゃないか』といった反応が返ってくる。むしろ、『おまえの接し方に問題があるんじゃないか?この子がかわいそうだ』と批判的なまなざしを向けてくる。家の中に上から目線の評論家がいるみたいで、嫌だった」「夫は人の心が分からない人だと思うし、ずっと別れたいと思っていたけど、離婚したら面倒なことがみんな障害のないほうの娘にかかっていくでしょう?　だから思いきれなかった」。

もちろん、どの世代にも少数ながら妻と二人三脚で障害のある我が子のケアをしてきた夫もいるし、同様にどの世代にも家事も育児もまるきり妻任せの夫は少なくない。子どもの障害をめぐるあれこれに「口を出さないけど手も出さない」「(障害について) 何も言わないので何を考えているか分からない」「頼んだことはしてくれるけど、それ以外はしてくれない」「外に遊びにつれて行ってはくれるけど、歯医者など本人が嫌がるところへ連れていくのは母親の担当」などが、平均的なところなのかもしれない。

ある人が、形こそ違っても、ほとんどの母親にとって「父親あるある」だろうと思われる日常の一コマを語ってくれた。「娘がパニックして騒ぐので、夫や下の子をつきあわせないように2階でテレビを見てもらっていたんですけど、しばらくすると夫がテレビを見て大笑いしているのが下まで聞こえてきて、すごく苦々しかった。私がこんなにしんどい思いをしている時に、よく笑えるな、と思って」。どんなに協力的な父親との間でも、ふいに温度差を思い知らされる日常の中のこうした場面が、おそらくは多くの母親の日常にちりばめられていたし、今もあり続けている。「なんていうか、『同じ土俵に乗っていない』という感じがする。この子を育てる『同志』という感じがしないいんです」。

我が家の苦しい子育ての当時、夫は逃げずに家事にも子育てにも一緒になってバタバタと働きとおす人だった。それでも私は朝、外の広い世界に逃げていける夫が妬ましかった。その心理を拙著『海のいる風景―重症心身障害のある子どもの親であるということ』（生活書院）の中で、以下のように書いている。

……何日も家に閉じ込められる生活が続くと、家の中には粘着質の空気と時間だけが淀んで、重ったるく息苦しい。その閉塞感。海と二人だけが活気に満ちた外の世界から完全に切り離され、忘れ去られたような疎外感。お父さんまでが、私たちを置き去りにしていく……。朝、部屋を出ていくお父さんの背中を、海を抱いたまま私は何度、憎しみを込め

て見上げ、見送ったことだろう。(p.173)

全く同じ思いをインタビューで語ってくれた人がいた。話を聞かせてもらった中でも最も過酷な、想像を絶するほどの厳しい介護生活の一つだったが、夫婦は私たちと同じく高校時代の同級生でともに58歳。夫は働きながら過酷な介護生活を妻とともに担ってきた。週に1度だけは必ず妻を仕事に送り出す。二人三脚で助け合ってきた。そんな夫婦でも「朝、夫は会社に行けることに羨ましい思いはありますね。もちろん、ろくに眠れていないのに会社で働くのは大変かもしれないけど、少なくともここから抜けられる。『ごめん、今日は仕事で遅くなるから』と電話一本で帰る時間を変えることができる。私はそんなことはできない」。

上記の拙著の件《くだり》に励まされて、同じ気持ちを思い切って夫に打ち明けてみた、と聞かせてくれた人があった。分かってもらえず気分を害されて、「だって僕が働いて生活費を稼いでいるんじゃないか。僕が仕事を辞めて、どうするというの?」と切り返されて終わったそうだ。そんなことをしてくれと言っているわけじゃないのにね……と、私たちは一緒につぶやく。その気持ちを分かってほしいと思っているだけなのにね……。かといって、「分かってもらえた」と私たちが感じられるには、夫がどうしてくれればいいのかを、私たちが分かっているわけでもないのだけど。

インタビューの中で、一人だけ例外的に父親の立場の人に話を聞いた。全国的な運動を牽引してきた人だ。80歳のその男性にこの本を差し上げたところ、やはり、この件にコメントがあった。「『会社を休むしかないのか』というご主人のやるせない気持ち、よく分かります」。

私自身の力量の問題からインタビューの対象は母親に絞ったが、重い障害のある子をもった父親にもさまざまな来し方があり、心の中に折り重ねられた複雑な思いがあるのは当たり前のことだ。父親だからと「何もしなかった」人もいたし、妻と共に責任を担ってきた夫たちもいれば、この人のように妻を支えながら全国的な運動に携わったりリーダーとなって活躍してきた人もいる。海の施設にも、熱心に行事に参加し面会にやってくる父親たちは少なくない。

「夫は生きているうちは放ったらかしで何もしてくれない人だったけど、亡くなる前に『この子が行くところはちゃんと考えているのか』と聞いたんですよ。ああ、考えていたんだな、と思いました」と、70代後半のある人が言う。それぞれの時代や価値観を背負った父親たちにも、父親なりの苦しさがあり孤独があったのだろう。そのことは頭に置いておきつつ、本書では母親の視点から書くことを続けたい。

もちろん、家族によって救われてきた人たちもいる。

「上の子二人は夫から『任せる』と言われていたんですけど、3人目は夫の方から『この子は一人では育てられん』と言ってくれました。保健師が初めて家に来た時には仕事を休んでくれて、後で『あの人ら、本気やな』と言っていましたよ（笑）。あちこちの見学にも一緒に行ってくれて、とても助かりました」。

「夫が小さなことにうるさく言わないおおらかな人だから助かりましたね。子どもが朝から行方不明になれば夫の朝ごはんどころではなかったけど、文句は言わなかった。週に3、4回は行方不明で警察の世話になる生活で、でも私がストレスを溜め込むとそれは子どもに向かうから、子どもがショートステイに行く時には意識的に一人で遠方に旅に出てはリフレッシュするようにしていたんです。しょっちゅう子どもを探し回っている生活だから夫婦が顔を合わせないことなんか日常茶飯事で、夫から電話があって『今、どこにいるの？』『○○ホテル』『さよか。ほな気イつけて』という感じで（笑）」。

義母の葬式の際に親戚から「喪主の妻はお酌して回るものなのに、葬儀が終わったらさっさと帰った」と、息子を預け先に迎えに行ったことを非難された人は、夫が「家にはそれぞれの事情があるのじゃ。生きてるもんには生きてるもんの事情があるのんじゃ」と言ってくれたことに救われたという。

夫の父親から理解してもらったのが支えになった、と言う人もいる。「近所に対しては、どないしてんねん？」と問われ、「自分から出ていくんだから隠すも何も、スーパーでもどこでも頭を下げるしかない」と答えたら、孫を抱きしめて「ええママを持ったなぁ」と泣いてくれた。「うちの息子がスカタンやさかい、あんたに面倒をかけるなぁ」と言っては「子どものものやない、あんたの服を買いなさい」と小遣いをくれた。迷惑をかけてはと自分と息子は親戚揃っての旅行を遠慮しようとしたら、「じいちゃんは何のためにおるの？　じいちゃんは人に謝るためにおるんだから連れてきなさい」と言ってもらった。そんな祖父の気持ちが伝わるのか、息子も旅行中はじいちゃんのそばにくっついて大人しくしていたそうだ。

重い障害があり、育てるのに心身ともに負担の大きな子どもがいる家では、家族のありようが根本から試されるようなところがある。そこにもともと大きな無理が潜んでいれば、家族の関係が破綻したり、家庭が崩壊することもある。障害のある子どもの存在も負担の大きな子育ても、問題を焙《あぶ》りだし顕在化させはするけれど、本当は破綻や崩壊の直接の原因ではないのだろうと思う。破綻すべきものが破綻し、崩壊すべきものが崩壊することだって、必ずしも不幸ではない。それは救済や新生ですらありうるだろう。

ただ、そこに至るまでの過程は家族の誰にとっても大きなストレスとなる。とりわけ母親はどんな状況に身を置いていても、我が子の介護だけは待ったなしで迫られる。家族から投げつけられた心無い言葉が頭の中にどんなに執拗なリフレインを続けていようと、胸のうちにどんなに悔しさや怒りや悲しみが激しい渦をなしていようと、寝てくれない子を苦労して寝かしつけ、食べようとしない子どもになんとか食べさせ、決まった時間になれば飲みたがらない薬をなだめすかして飲ませ、こだわりやパニックに対応し、行方不明の子を探しまわり、あれやこれや細かい準備を整えて診察や訓練に連れて行き……と煩雑な介護を日々刻々と担い続けなければならない。そんな時、母親たちはもめごとのストレスと負担の大きな育児のストレスが互いに増幅し合う、消耗的な状況に身を置き続けていた。

それらの日々はすでに遠く過ぎ去っているから、誰の語り口からも生々しさや激しさはそぎ落とされているけれど、家族に苦しんだ話を聞かせてもらうたびに、この人もあの人も私もみんな、よく生き延びてきたなぁ、それだけでも奇跡のようなことだ……と繰り返し思った。

夫婦のありようも家族のありようも様々だ。どの家族も、外からは計り知れない複雑な関係やいきさつや事情を抱えている。子どもに重い障害があることで絆が強くなる夫婦や家族がある一方で、溝や亀裂が入ったり深まる関係もあるだろう。実際には、どの夫婦や家族にも、絆が強くなった面と溝や亀裂が深まった部分の両方が混在し、相互に影響し合いながら、今の関係性や暮らし方が形づくられてきた、というのが本当のところなのかもしれない。

第4章　「助けて」を封印する／させられる

インタビューでこれだけは聞いてみたい質問があった。重い障害のある子どもをもつ母親である私たちが「苦しい」と口に出しにくかったり、本当はもう限界だと感じていても自分から「助けて」と言いにくかったりするのは、何故だと思いますか――？　聞いてみたかったのは、海の幼い時期を振り返るたびに私自身がずっと抱えてきた疑問だったからだ。

言語に絶するほどの海の虚弱に手を焼いていた頃の、母親仲間との忘れられない出来事がある。子どもの入院で何度も一緒になるうちに親しく話をするようになった人だった。病棟の廊下を一緒に歩きながら、その人も夜ごとの号泣に苦しんだというから「あれはつらかったよねぇ」と話しながら二人でエレベーターに乗った。きっと私は降りる時に「あの時にはもう窓から投げ捨てたろかと思うたわ」とでも口にしたのだと思う。後から降りて来るはずの彼女がこないので振り返ったら、エレベーターの奥でうつむいていた。「どうしたん？」と戻ってみると、泣いている。「児玉さんでもそうなんじゃね……」。すぐには何のことか分からなかった。「私、そんなひどいことを考えるのは自分だけなんじゃと思うとった。それで誰にも言えずに、ずっと自分は鬼みたいな親じゃ、母親のくせに、と自分を責めとった」。そして顔をあげて私を見てかすかに微笑むと「でも私だけじゃなかったんじゃね」。そう言ってボロボロと涙をこぼした。その姿が今も忘れられない。

どんなに深い愛情があっても、どんなに凄絶な努力をしても、生身の人間にできること、耐えられることには限界がある。それが介護というものの現実なのに、つらいと感じることそのものを母親は自責してしまう。そして本当は「もういやだ、助けて！」と今にも叫びそうになっているのに、その悲鳴を自分で無理やりに封じ込めて、さらに頑張り続けるしかないところへと自分を追い詰めていく。

私自身もその後、幼児期の海の不安定な健康状態に振り回される日々の中で、同じように自分を追い詰め、心を病んでいった。人は本当の思いを抑圧し封じ込め続けていると、そのことにエネルギーを激しく消耗させられていくのだと思う。そして心のエネルギーの糸がだんだんとすり切れていって、ある日すぅっとなくなってしまう。そんなふうに私は〝無〟になった。あの日々、私が抑圧し続けていた本当の思い、どうしても口にできなかった言葉とは「私にはもうこれ以上できない！　やりたくない！」だった。

子どもたちが思春期を迎えた頃、にわかに骨太でズシリと重くなった息子を抱え上げる動作の繰り返しに、もともと病気を抱えた自分の身体をボロボロにした母親仲間がいた。人は先の見通しがないまま身体の辛さに耐え続けるしかないと、精神的に少しずつ参っていく。彼女がかつての自分と同じように「もうこれ以上できない！」という悲鳴を自分で封じているのが分かった私は、「もう限界が来ているのだから、まずはショートステイを利用して自分の身体を治して楽になることを考えては？」と勧めてみた。彼女から返ってきた言葉は「そんなの、私自身が寝たきりにでもならない限り許してもらえない。そんなこと、口が裂けても言えない」だった。

なぜ私たちは「許してもらえない」「口が裂けても言えない」と感じてしまうのだろう。私たちの悲鳴を封じるものは一体なんなのだろう……。そのことをずっと考え続けてきた。

「自分が苦しんでいることは人に知られたくないという思いが、まずありますよね」。私の質問に答えて、そう言った人がある。母だから、女性だからというよりももっと普遍的・根源的なところを指してズバリだ、と思った。

「同じ立場の人でないと、言ったところで分かってもらえるわけがないと感じているから」「言っても仕方がないから。自分が経験しないと分からないことだから」「分かってくれと言ったって無理だものね」などの答えもあった。これもまた、人生が連れてくる苦しみについて普遍的に言えることなのだろう。

もう一つ、理屈を超えた素朴な思いとして多くの母親の胸にあって私たちの悲鳴を封じていたのは、我が子の障害をめぐる自責の念ではなかったろうか。ある人の「私のせいでこうなってしまったんだという思いから逃れられなかったから、浅はかにも、私がこの子の障害を治してみせると思ったりしていた」という言葉は、我が子の乳幼児期に訓練に「命を懸け」た母親たちの心の奥底にあったもののことを思わせる。「あちこちの病院へ行ったり、東洋医学や鍼や気功にも行ったし、宗教の力で治ると信じたり、この子に良いと言われて自分にできることは何でもした。じっとしてはいられなかった」。

出産時のことを話してもらっていたら、「障害の原因は結局は分からなかった」と言った後で、「すぐには分からない軽微な遺伝子の異常があるのかな。流産した後にすぐできた子だから私の子宮に問題があったのかな。てんかん発作によるものなのかな……」と、つぶやいた人もあった。

我が子が障害を負うことになった原因や理由が明確に分かることは少ない。だから子育て期の母親たちの多くは誰にも明かすことができないまま、心の奥深くで何度もビデオテープを再生するように妊娠中から出産までのことを逐一たどっては、自分がするべきだったのにしなかったこと、すべきではなかったのにしてしまったことを、事細かにあげつらって過ごした。私は海が生まれて30年以上が過ぎた今でも、何かの折にぼんやりと考えることがある。さすがに当時のように自分で自分を切り刻むような激しさはなく、ぼんやりと漂う物思いのようなものだ。けれど、海を6歳から施設で暮らさせている私の自責には、金魚のウンコのように後から引きずられてくる物思いがある。私のせいで海に障害を負わせて、あの子からもっと自由に過ごせたはずの人生を奪ってしまったのだとしたら、私はなにがあろうと自分の手で世話をしなければならなかったのではなかったか……。

そんなことをぼんやりと考えている自分に気づくと、泣きながら謝り続けて海に顔をペチペチされた、あの遠い日を意識的に思い返すことにしている。そして「今さらそんな自責に私が囚われることには何の益もない。これまでのすべてを経て海は今こうして笑顔で暮らしているのだから」と頭を振る。頭を振って、そんな無益な物思いは払い落とす。そのくらいで払い落としきれるものなら、もともと〝金魚のウンコ〟にもならないのではあるけれど。

母親自身の中に、「苦しい」「助けて」と口に出しにくい気持ちの枷《かせ》がある一方、その枷をさらに強化してしまうものに私たちは取り囲まれてもいた。

「だって、みんな評価するじゃん」。

私の問いにそう答えたのは、昔なじみの母親仲間の一人だ。腎臓疾患のある重症児の息子が7歳の時に死にそうになった。腹膜透析で助かって一般病棟に出てきた時にオムツ交換が頻繁に必要だったのだけれど、その時に担当医から「小児科部長の先生が『あのお母さんなら大丈夫』と言っていたよ」と聞かされた。そんなふうに言われると、つい応えようとしてしまう。でも同時に、そういう目を向けられていることがイヤだった。「そうやって『良いお母さん』に縛られていったのかもしれんね」。

私にも覚えがある。海の幼児期、梅雨時期に小児科外来で「クーラーはどうしていますか」と問われ、「今のところ除湿にしています」と答えたら「さすがですね」という言葉が返ってきた。自分が優秀な母親だと評価されていることが嬉しく、得意だった。同時に、何度かそういう場面を経るうちに、専門職と話す時に「優秀なお母さん」だと認めてもらおうと言動を整える、さもしい心根が自分の中にうごめくことを意識するようになった。優秀な療育機能であれと求められることに反発しながら、一方では自分は優秀な療育機能であると専門職にアピールし認められようとする矛盾した心理が、それぞれに程度や形は違っても私たち母親一人一人の中にあったのではなかったろうか。

評価のまなざしは専門職だけではなく、世間や家族からも向けられてきた。私の質問に「小さい頃から良妻賢母を刷り込まれているからじゃないですか」「子どもに障害があっても、母親なら子育ては普通にできるはずだと思われているから」と答えた人がいた。専門家の評価の基準が「優秀な療育機能・介護機能」だったとしたら、世間や家族の基準は「にもかかわらず、どこまでも明るく優しく健気に頑張る良いお母さん」だった。そして、そんな評価のまなざしは、私たちの言動がそのステレオタイプを逸脱するや、にわかに非難がましい言葉となって飛んできた。

海の乳児期に大学の仕事との両立に苦しんで、市役所に電話で支援はないかと問い合わせたことがあった。「その子のお母さんはどうしているんですか」「私が母親ですけど」と答えると、「普通は子どもに障害があったらみんなお母さんが面倒を見ていますよ」（その後、間接的な知り合いだった保育所の園長先生を頼り、「障害児を受けたら加配があるから」と受け入れＯＫとのお返事をもらった。ただ見学に行ってみて、当時の海の虚弱さでは保育所は無理だと、今度はこちらが判断せざるを得なかった。その後、市の別の部署に相談した際に障害児の通園施設の存在を教えてもらい、海は半分は体調不良でお休みしながらも1歳直後から4年半くらいそこに通った）。

「子どもに障害があったらお母さんが全面的に面倒を見るのが当たり前だし、それはお母さんだったら苦も無く出来るはずだ」という社会通念は根深かった。それが今なお根深いことを痛切に思い知らされたのは、福岡で線維筋痛症の持病を持った母親が発達障害の息子を殺害するという事件があった２００８年。ネットに書き込まれたコメントの一つには「いやしくも母親なら息子の介護くらい血反吐を吐いてでもやりおおせて見せろ」と書かれていた。

「お母さんなら、いつだってどんな時だって我が子が第一で、我が身のことなんか後回しにするよね、母の愛さえあれば、どんな不可能だって可能にできるはずだよね」という社会からの暗黙のメッセージは、常にさまざまな形で社会から私たちに向けて届けられて、私たちが悲鳴をあげそうになる口を封じていたのではなかったか。

前章でも見られたように、とりわけ共に暮らす家族からそんな眼差しを向けられることは、苦しい子育てのさなかにいる母親には耐えがたい体験となる。私もそんな体験をした一人だ。ほとんど眠れずに夜ごとの海の号泣に苦しんでいた日々、私が「ゆうべも寝かせてくれんかった」「あの泣き声を聞いていると頭がおかしくなりそうになる」などと漏らすと、母は「また海ちゃんの悪口を言って」とあからさまに顔をしかめた。父からは「それを海のせいだというのか！」「おまえが母親だろうが」と怒声が飛んできた。インタビューでは、「パニックされると、面倒くさくなる」と漏らしたら、夫から「よくもそんなことが言えるな」という言葉が非難のまなざしとともに返ってきた、という体験を語った人がいた。

でも、彼女の「面倒くさい」や私の「頭がおかしくなりそう」という言葉は、若くて不器用で親としても未熟な母親が家族に向けて発した、かぼそいＳＯＳだったんじゃないだろうか。たぶんそこには、言えば受けとめてもらえるだろうという甘え、家族から助けてもらいたいという期待があったのだろう。ほんの小さなＳＯＳで家族につかのま縋ろうとした時に「それでも母親か」と冷たい非難で返されるということは、私たちにとって、家族から「共有するつもりはない」と突き放され、子どもと二人きりで置き去りにされる体験に等しい。そんな思いを繰り返したら、そのうちに自分を閉じていくしかなくなってしまう。

インタビューで最も多かったのは、「まず自分がしてやりたいと思うから」と答えた人だった。その「まず私が」「なんとか私が」という思いの後ろには何があるのか。それを知りたい、とずっと考え続けてきた。その思いこそが、「一番つらかった」という子育て期から何十年も経って老いに直面する今なお、私たちが「我が子を残して逝《い》けない」と感じることの根っこにあるように思われるからだ。これについては、第３部で改めて考えてみたい。

第5章　支えられ助けられて進む

「母親はなぜ『助けて』と言いにくいのだと思いますか」という質問に答えて思いを語る人が、必ずと言っていいほど触れる話題があった。他の母親との出会いだ。

「同じ立場の母親仲間との出会いが救いになった」「それまでは一人で抱え込んでいたけど、通園施設で同じ立場の仲間と出会って、やっと思いを話せるようになった」「親の会では世間の人たちと違って、安心して話ができた」「大変な時に、障害のある子どものお母さんが『頑張りすぎないで。泣きたい時には泣いていいのよ』と言って豪快に笑ってくれた。その瞬間に涙があふれて止まらなかった」などなど。

まだ重い障害のある子どもをどう育てたらいいのか困惑していた頃に母子入園や通園施設や学校で出会い、その後の子育て期を共に過ごしてきた母親同士の関係には、他とは代えがたい特別なものがある。また共に運動してきた人たちの間に、その年月の間に培われた同志としての強い絆を感じさせられるインタビューも少なくなかった。

第2章でも語られていたように、重い障害ゆえの育てにくさに苦しみ続けた日々に、ある人が言った〝ミジメの自慢話〟をすることで私たちは互いの苦労を共有し、暗黙の裡《うち》にいたわり合っていた。「口が裂けても言えない」思いを吐露することができる唯一の場が、同じ立場の母親だけしかいないところだった。

インタビューで「死ねばいいのに、と思ったこと、ありますよ」と言った人がいたけれど、海の幼児期から10年ほど出したささやかなミニコミ通信の編集会議でも、そんな話が出た場面があった。「夜中にどうしても寝てくれなくて、もう嫌になって顔に枕を押し付けようとしたことがある」と誰かが口火を切ると、「えー。そうなん？　私は実際に顔に毛布を掛けたこと、あるよ」「私は、窓から投げ捨ててしまいたいという衝動に駆られた」「私もどうしても泣き止んでくれんで疲れ果てた時に、あの子を抱いたまま階段の上から下を見て、ここで手を放したら楽になれる……って、ぼやーと考えた」「危うかったね。よう落とさんかった」「いや、実は冷静な自分がどこかにおってね、ここで落としたら離婚される、それは困る、と思いとどまったんじゃけどね（笑）」「きゃはー。すごい冷静じゃん。それに計算高いなぁ（一同爆笑）」。

そうやって胸に秘めていたことを一人が吐露するたびに「えー、あんたもー？」と笑い声が上がり、それに誘われるように「私も……」とさらに誰かが口を開いた。思い切って明かせるのは、そんな時どんなにギリギリのところに追い詰められて苦しかったかを、そこにいる誰もが我が身の体験として知っているからだ。そう感じたとしても、決して我が子への愛情がないからではなく、苦しいと感じることも愛おしいと感じるのもどちらもあって、どちらも真実だと、そこにいるみんなが分かっている。その安心があったからだと思う。

一方、家族や夫婦の間でもそうであるように、人と人との関係は複雑で常に両義的なものを孕《はら》んでいるから、母親仲間からこそ辛辣な非難を向けられる面があったのも事実だ。とりわけみんながそれぞれに歯を食いしばるようにして子育てをしていた時期には、仲間内で〝頑張っていない母親〟が話題になると、その人を批判する口調は激しいものになりがちだった。インタビューでも、「え？　子どもを置いて遊びに行ったの？」と暗に批判された人や、ショートステイに行かせたら「あのお母ちゃんは自分が世話をしたくないもんだから行かせている」と陰口をたたかれた人がいた。

「ねぇ、〇〇さんってばショートステイに預けすぎじゃない？」「そう、そう。私も前からそう思うとったんよ」「でも、あの人、働いとるわけでもないし元気じゃん。ショートに預けては遊びに行っとるじゃろ」「そうよ。遊ぶ時には元気になるんよね（一同笑）」「それに、あそこの子、そんな重度じゃないじゃろ」「そうよ。もっと重度の子どもで頑張っとる人だっていっぱいおる」「△△さんなんか、最重度の子の世話をしながら姑と同居で、毎朝5時くらいから畑仕事までしとるよ」「それに引き換え〇〇さんは……」「こないだもね……」。こちらは、私がずっと昔に漏れ聞いた仲間内の陰口。

母親同士で〝頑張っていない母親〟をコキ下ろす時、その批判はどうして激烈になりがちなのだろう、と当時ずっと不思議だった。今の私には分かる気がする。私たちは〝ミジメの自慢話〟

で互いの苦を共有し合いながらも、それぞれが胸のもっと奥深いところで、自分でも気づかないほど強固に封印されたＳＯＳの悲鳴を実は抱え込んで暮らしていたのだと思う。そんなものは、しっかりと封印して意識から遠ざけておかなければ、頑張り続けることができなくなってしまう。だから、その封印が強い人であればあるだけ、自分よりもラクをしているように見える人を許しがたかったんじゃないだろうか。

私の封印を解いてくれたのは娘の主治医だった。

「お母さん、限界が来てしんどいんじゃないの？」。私が〝無〟からの回復途上で、まだ不安定な頃だった。「ウチの施設に海ちゃんを入れたらどうだろう。僕たちだっているんだから、僕たちにも海ちゃんの子育てを手伝わせてほしい。障害のある子どもは社会で育てるべきなんだから」。そうして、私たち夫婦は「お世話になっている先生があそこまで言ってくれるのだから」と言える言い訳を作ってもらった。自分であの封印を解いて「もうこれ以上がんばりたくない」と口にすることは、私にはそれこそ「口が裂けても」できなかった。

主治医の紹介で初めて会った時、施設の師長から「お母さん、今までよく頑張ってきたね」という声をかけてもらった。海が生まれてからずっと「お母さんなんだから頑張れ」とばかり言われて、頑張っても頑張っても許してもらえず、叱咤され続けた。「これからは私たちもいるんだから、一人で頑張らなくてもいいよ。一緒に頑張ろうね」。初めて許してもらい、私もあのエレベーターに立ち尽くしたお母さんのように涙がボロボロと流れて止まらなかった。

私たちの多くにとって、精神的な支えになってくれるのが母親仲間だったとしたら、専門職は具体的に助けてくれる手段を持った存在だった。「どのように育てていいか分からない」という困惑を母親たちが抱えていた頃に、専門職は具体的な方策を示してくれた。重症児では医療の中にできている連携ルートに乗って専門職と繋がったが、知的／発達障害の領域でも、大学の先生が親たちを集めた勉強会を開催してくれて、そこで身に付けた知識が障害のある子どもを育てる不安を乗り越える力になったと語った人もいる。専門職との出会いに恵まれたことで生活が安定していったと振り返る人たちも多かった。

「『助けて』と言いにくいのは何故だと思いますか？」という私の質問に、「困っていても、どこでどのように相談していいかが分からなかったから」と答えた人が数人あった。その声を引き取るように、ある人が言ったのは「相談できるところがなければ引きこもってしまう。引きこもって子殺しに向かう。でもそれは本人にはどうにもならないのだから、周囲の専門家が手を差し伸べるシステムが必要だと思う」。「本人にはどうにもならないのだから」という眼差しが温かかった。そこには、同じところを潜り抜けてきた母親同士だからこその〝許し〟があるような気がした。

あの時に海の主治医が私の限界に気づき、いわば向こうから〝迎えに来て〟もらえなかったら、私か海のどちらかあるいは両方が死んでいたと思う。だから、その人が言うように「周囲の専門家が気づいて、手を差し伸べるシステム」――私はそれを「専門家の方から迎えに行く支援」と表現してきた――は、とても大切なことだと思う。「助けて」と言えないでいるうちに、娘の主治医に「限界がきているんじゃないの？」と気づいて〝迎えに来て〟もらい、施設の師長から「もう一人で頑張らなくてもいいよ」と〝許して〟もらった私自身の体験は、そういう支援のあり方が可能なことを示唆してもいる。

重い障害のある子どもの子育て期が多くの母親にとって苦しく辛い時期だったことは事実だけれど、そこに楽しさや喜びが全くなかったわけではない。子どもたちは重い障害があるなりに少しずつ落ち着いていったし、親の方も知識を身に付け、社会資源とも親仲間や人によっては運動と繋がり、我が子の障害との付き合い方や自分なりの子育て、親としての生き方を模索していった。あの頃、私たちは心のどこかで「私が頑張れば、この子の障害を少しでも軽くしてやれるのでは」と夢見ていたように思う。それは当時の私たちにはまだ親の頑張り次第で実現可能なことのように思えていたし、日常生活の中で我が子のために知恵を絞り工夫を凝らすのは、我が子の喜びと笑顔にも直結して楽しいチャレンジでもあった。

2歳のある日、海がごく覚束《おぼつか》ない口調ながら「ちゃんちゃん（たんたん：靴下のこと）」「ちゃっち（シャツ）」と言ってみせた時の、身体中が沸き立つような喜びを私は忘れない。いつも一緒に洗濯物を畳みながら、手にしたものの名前を一つひとつ口にしていたら、ある日ひょいとそんな場面が出現したのだった。文字通り飛び上がって海を抱きあげ、そこらじゅうを跳ね回った。その後、海がYESの意味の「ハ」以外に言葉を獲得することはなかっただけに、一度だけ聴くことができた「たんたん」と「シャツ」は煌《きら》めくような奇跡の記憶だ。

自分で持たせろと手を伸ばしてくるのでスプーンと茶碗を不器用な手に持たせ、そこら中に飛び散るご飯を追いかける日を過ごしていたら、そのうち口に入る「まぐれ」の回数が増えて、ついには好物の納豆ご飯なら自力で完食できるようにもなった。そんな海は金メダル獲得の偉業を成し遂げたアスリートのように見え、私たち夫婦は愛弟子をうっとりと見つめるコーチの気分。親バカと呼びたければ勝手に呼んでくれろ、こんなに可愛くて賢くて根性のある子が他に地球上のどこにいるか――？　そんなことを親二人がヤニさがって言い暮らす日だって、病気ばかりする我が子に疲弊する日々の間に確かに存在していた。

怯えて泣き続ける重症児の我が子のために「好きなもの探し」を続けた人もいる。バスに乗って出かける散歩を平日は母、休日は父と10年間続けたら、移動距離は地球一周ほどになり、我が子の怯えもとれて穏やかに過ごせるようになった。その後も続けた「好きなもの探し」は30歳を過ぎてクラシック音楽にたどり着いたそうだ。寝ても覚めても飽きもせずにクラシック音楽を聴いていて、好きな曲では「これいいね！」と合図をする。遠方に住む兄が新しい機器を探しては録音して送ってくれる。もう何百曲も聴いてきた。GHで暮らすようになっても、音楽を聞けば一人の時間を楽しめる。「GHとの出会いとクラシック音楽は長い時間をかけてたどり着いた、この子の人生の宝物です」。

重い知的障害and/or発達障害のある子の子育てでは、いつのまにか電車で遠くまで行ってしまうことは多くの人の悩みだったけれど、ある人は「覚悟を決めてどこまでもついていくことにしたんです。それはもう何時間でもどこまででも、本人の気が済むまで母もついて歩きました。そしたら満足したのか、ひょっこりいなくなるということはなくなりました」と語る。また「中学生になった時に『行きたいなら行きなさい』と二つの財布を持たせたんですよ。『一つの財布のおカネがなくなったら、もう一つの財布のおカネで帰ってきなさい』と言って。そしたら、だんだんそれができるようになって、そのおかげで、高等部は自力通学が条件となっている大学の付属養護学校へ入ることができたんです」と、工夫の成果を聞かせてくれた人もいた。

私たちはそんなふうに、「この子の障害が少しでも軽くなるように」「少しでも豊かな生活を送らせてやりたい」と、我が子のために知恵を絞り努力を重ねながら奮闘する子育て期を送った。そうしてそれぞれに〝我が子の専門家〟になっていった。その過程で、地域の保育所や幼稚園、一般校への受け入れを求めたり、中には養護学校づくりの運動をした人たちの多くは、子どもの成長とともにさらに次々の運動に取り組んでいった。小規模作業所作りの資金作りに奔走したり、多額の資金を集めて親たちの力でGHを作った猛者《もさ》たちもいる。そんなGHの一つを見学に行くと創設当時からのスタッフが「僕は就職する時にお母さんたちの面接を受けて採ってもらったんです。だから今でもお母さんたちには頭が上がらないんですよ」と笑っていた。地域にGHがまだ少ない時代に、意欲的に活動を広げていこうとする事業所がGHを立ち上げ、重症者の受け入れにもチャレンジしたいと声をかけてもらったことが、現在のGHでの暮らしに続いている、という事例も複数あった。一方、私のように親が病気になったために子どもを施設に入れる選択をした人もいるし、我が子の自立のために敢えて施設に入れた人もいる。もちろん、インタビューさせてもらった人の中では、時とともに一定程度整備されていった障害者福祉サービスを利用しながら、子どもとともに暮らしてきた人の割合が最も高い。

私が県外の重症者の母親仲間と出会い始めたのは、今回のインタビューよりもずっと以前、障害関連の医学会でのシンポの準備として話を聞かせてもらおうとした２０１３年から２０１４年にかけてのことだった。出会ったのは全国的な運動を担ってきた人たちが多く、当時の私の中には「運動してこなかった親」「早くから施設に入れた親」としての引け目があった。それをほぐしてくれたのは、海と近い年齢の我が子を在宅でケアしながら運動も牽引してきた人の言葉だった。「児玉さんはたまたま海さんを施設に入れることになった。私はたまたま在宅でやってくることができた。それだけのことだものね」。それを聞いて、肩の力がふうっと抜けて楽になった。

従来の施設のあり方を否定しつつ、どこまでも本人中心の豊かな暮らしを追求しようと職員と一緒に施設づくりをしてきた人と出会った時にも、その人から「私はたまたま出会いに恵まれてこういう施設を作って娘を入れることができたけど、児玉さんもたまたま娘さんをその施設に入れることになったというだけですよね」と、ほとんど同じ言葉を聞いた。

障害のある子どもをもつ親は、「我が子を最初に差別する存在」「最大の抑圧者・敵」「子どもを施設に厄介払いする」など、当事者運動からは行動の結果を捉えて非難を浴びることが多いけれど、重い障害のある子どもをもつ個々の親にとっては、これまでの人生はそれぞれに固有の環境の中で懸命に生きた結果として「そうしか生きられなかった人生」だったのだと思う。二人が期せずして使った「たまたま」という言葉に、そんな個々の「これまで」への柔らかな想像力と共感を感じて、しみじみと温かく心に沁《し》みた。

子どもの障害を知って「どうやって育てたらいいのか」途方に暮れた日々から、戸惑い、疲弊し、傷つき、乗り越え、多くの人と出会いながら、それぞれ固有の地域環境と家庭環境の中で子どもとの暮らしを模索し、形作っていった日々があった。それらの日々には出会わなかったけれど、それから年月が経ってこうして出会ってみたら、相手が重い障害のある子どもの母親として体験してきたもの、潜り抜けてきたものは、互いに自分の心身で知っている。歩んできた道筋にあった諸々はカタチこそ違うけれど、同じところを生きてきたよね、潜り抜けてきたよね。あなたも私も、よくぞ殺すこともせず死にもせずに、ここまで生き抜いてきたよね――。そんなふうに、言葉で語らずとも通じ合えるものがある。

インタビューで、それぞれの来し方にあった諸々を聞かせてもらっていると、どの人もみんな、別の戦場で闘ってきただけで同じ闘いを生き抜いてきた戦友のように感じられた。

第2部

今のこと

第1章　母・父・本人それぞれに老いる

数人のグループで座談会形式のインタビューをお願いしたところ、最後の人がキャスター付きの旅行鞄（いわゆる「コロコロ」）を身体の前に置き、それを杖代わりに、そろそろと入ってきたので、ぎょっとしたことがあった。

「フィットネスクラブに通ったり健康には気をつけてきたし、自分は元気だと思っていたんですけど、5か月くらい前にごみを出しに行った帰りに、ちょっと走ったらバキッと……。最初は痛みに耐えて寝たきりの娘（34）を抱えていたら、だんだんどうしようもなく痛くなって、病院へ行ったら半月板損傷。娘は自分では尿を出し切れないので、導尿が1日4～5回必要なんですよ。半月板損傷の痛みで導尿するための姿勢が取れないので大変でした。昔は子どもを抱き上げるにも腕の筋肉があったけど、今はもうないし、なにしろ自宅で夫とすれ違うのにも転ばないかと恐る恐るという状態だったし。今やっと家の階段を上がれるようになったところで、医者からは筋肉を取り戻すために動けと言われているんです。だから今日も出てこようと思って」。そんな身体の状態で電車に乗って来てくださったのかと、恐縮した。

それにしても、高齢期の母たちはよく転ぶなぁ……と驚く。いろんな人に話を聞いていると、転んでどこかを痛めた、骨折した、という話が多い。もちろん、それ自体、母親自身が老いてきたこと、これまで介護で身体を酷使してきたことの証左でもあるのだけれど、障害のある子どもに加えて親や配偶者など、他の家族の介護まで担う多重介護の状況下で大けがをした、という話が多い。子育て期に十分なことをしてやれなかった自責の念に促されるように、障害のない兄弟の成人後の生きづらさや子育て負担に手を貸して、多重介護状況下に身を置いている人も複数あった。

コロコロを押してインタビューに来てくれた人も、一人暮らしをしている90代の実母のところに週に1、2回電車で片道1時間かけて通うようになって久しいとのこと。そのたびに食事を作って持参するというから、障害のある子がいなくても相当な負担だろう。それを、種々の医療的ケアが必要な成年期の子どもを自宅でケアしながら、その子の通所の間にこなすのだから、その慌ただしさは想像を超える。心身とも疲れが蓄積しているだけでなく、急ぎの連絡や細々した用事も次々に押し寄せてきて、頭の中も忙しいことだろう。そんな心身とも余裕のない毎日が続く中で、人はふとした弾みに転んで大けがをするのだと思う。

これまで一緒に我が子の介護を担ってくれた夫も老いて、夫婦が力を合わせたとしても介護に限界を感じていると話す人たちも多い。夫が闘病している、あるいは数年間の介護を経て夫をすでに見送った、という人もかなりあった。

ある人は、夫が終末期で「そろそろ家に連れて帰ってあげてはどうか」と病院で言われていた頃に、入所施設で暮らしている重症者の息子も感染症で命が危ぶまれる状態となり、総合病院に転院して気管切開の手術を受けた。それでも夫を自宅に連れ帰ったが、夫を見送って一週間もしないうちに手を骨折したという。まだ息子が入院中だったので自分が通院している余裕がなく、骨折は「一度病院に行っただけで治しました」。私は絶句して、まじまじと顔を見てしまった。そんなことをこともなげに言ってのけるのが、重い障害のある子どもをもつ母親たちなのだ。

８年前に夫を亡くした人（77歳）は、夫の看取りの場面にすら重い障害のある子がいる人ならではの苦慮があったと話してくれた。「付き添っていて、夫がもういよいよだなと分かるでしょ？　知的障害のある二人の子どものショートステイ先を急いで探さなければいけない。そっちの現実問題で頭がいっぱいで、その時は悲しみを感じている余裕もなかったですよ」と当時を振り返る。

「早くどこかに電話を……と焦るのだけど、苦しんで転々とする夫の点滴が外れないよう、点滴のポールを握ったまま右往左往していて、離れることができない。来室した看護師さんに頼んでバッグから携帯電話を取ってもらい、片手で必死に操作をして友人と作業所に電話をかけた。友人には、家に残している二人の子どもにご飯を食べさせてもらうよう頼み、作業所には緊急にショートステイ先を探してもらうよう依頼した。日ごろからショートステイの予約をとるのは至難の業なので、一度に二人の行き場が見つかるだろうかと不安で、見つからなかったらどうしていいか分からない、どうぞ見つかりますように……と祈る思いだった。ショートステイ先が決まるまでに1日半もかかった」。

すぐに家に駆けつけて二人に食事をさせてくれた友人は、その後で「あなたも食べていないでしょ」とおにぎりを作って病院まで持ってきてくれた。確かに自分が食べることをすっかり忘れていたから、その思いやりが温かく心に沁みたそうだ。

こうした話をいくつも聴きながら、第2部の「今のこと」をどのように書くかについては、迷いが長く続いた。私たち母親が生きている「今」には、重い障害のある我が子の生活を支える介護に加えて、母、父、本人それぞれの老い、老親や夫の介護や看取り、今は成人して子育て期に差し掛かっているきょうだいへの手助け、さらに地域での支援資源が急速にやせ細っていく事態などが複雑に絡まり合って、日々の暮らしの困難や不安につながっている。一人一人の生活状況をていねいに書き込んで紹介するほうが、問題相互の絡まりが伝わりやすい。

たとえば、必要があっても「入院できない」「手術ができない」という高齢期の親の声をどこかで紹介すると、「でも、これこれこのようにサービスを組み合わせれば入院も手術も可能になるのに」とその場で問題を解決してみせる人がいる。けれど外部の誰かに簡単に問題解決ができるのは、その問題ひとつだけを見ているからだ。実際の当人の暮らしは、それ以外にさまざまな問題が同時進行し、それぞれが複雑に絡まり合う中で営まれているため、事情はそんなに単純ではない。インタビューで「助けを求めるためには余力がいる。その余力もない」と言った人がいる。「こうしたら可能になる」としても、母親自身にはそれを実現させられる余力はない。おそらく解決すべき本当の問題は、そんな暮らし方を母親が強いられていることなのだ。

しかしその一方に、生活状況を広範囲に書きこむと個人が特定されやすく、インタビューに協力して率直に話してくださった方々に負担をかけてしまう懸念があった。この本の意図も、多くの人の言葉と思いの断片を集めて〝母たちの体験と思い〟をモザイク画のように描こうとするところにあるため、最終的にはインタビューの中から気づいた問題ごとに章立てして、語りを紹介する形をとった。そのため、私たちの暮らしの中ではこれらの問題が同時進行しながら相互に絡まり合っている事態の複雑さは見えにくくなったかもしれない。

読者には、それぞれの章で語られている体験が様々な組み合わせで一時に重なって押し寄せてくる生活を想像しながら読んでもらえればと思う。そんな局面だって十分にありうるし、いつそんな事態に見舞われるか分からない不安の中での暮らしが、重い障害のある子どもをもつ母親たちが生きている「今」なのだから。

母父の老いについての語りから

●健康ではあるけど、コレステロールと骨粗しょう症の薬、睡眠薬などをもらうために月に一度の通院はしている。72歳。

●持久力がなくなってきた。疲れも以前は一晩眠ればとれていたのに、今は取れない。物忘れがひどくなって、老いは確実に進んでいると感じている。76歳。

●昨年大きな地震があった時に、倒れた食器棚を戻そうとして腰を骨折した。知的障害を伴う自閉症の息子との外出や入浴介助などに負担を感じている。69歳。

●持病で2週間に一度通院している。体力の限界と衰えを自覚しつつある。同じく70代の父親はしんどくても医療的ケアが必要な息子（40）のお風呂を毎日頑張ってくれているが、夫婦のどちらか一人になったらお手上げになると思う。73歳。

●白内障で夜は目がよく見えず、車の運転がとても不自由。でも自分が運転をしないと作業所に通っている子ども（36歳）がどこにも行けず、楽しみがなくなるので、運転しないわけにはいかない。腰も痛いし、あちこちしびれてもいるのだけど、入院はできない。67歳。

●最重度で医療的ケアが必要な娘のことにかかりっきりで、まとまった睡眠時間はとれない。長年のケアで腰痛と両ひざの関節変形症があり、33キロを超えた娘を抱っこしての移乗は困難。サラリーマンだった夫が65歳で退職して以降は不定期のアルバイトをしながら少しずつ介護の時間も内容も増やしてくれて、力仕事は父親に頼ることが多い。夫も頑張ってくれているが、やはり腰痛があり、在宅生活をいつまでできるかな、と思うことが増えている。64歳。

●高脂血症、腰痛と膝痛、白内障でそれぞれ月に1度ずつの通院がある。この1月に意識が遠くなって階段から落ちた。なぜかは分からない。いろんなところを打ったらしくて、まだあちこちが痛い。77歳（インタビューはその出来事から9か月後の10月。同席の母親仲間からは「歩いている姿を見たら、本当に痛いんだなと感じるよ」「歩き方が前とはぜんぜん違うもの」などの声が続いた）。

●若い頃には体力に自信があったし、なんであれ自分が動くほうが早かったから、夫が何もしてくれないことが気にならなかった。今はその体力がないし、何をするにも時間がかかるようになっているから、それで夫が動かないことに腹が立つようになったんだなって（笑）。70歳。

●座談会形式のインタビューで

「入院の付き添いを求められるけど、この歳になるとしんどい。ＩＣＵに入っても、重度の人は難しいからついてくださいと言われる」。

「付き添いは、交代要員がいないと厳しいね」。

「『お母さん、寝てくださいね』と言ってくれるけど、朝の回診の時に医師から『昨夜のけいれんはどうでした？』と聞かれるんだから、寝られない」。

「入退院が多い子で、前に手術で付き添いをした時に私の血圧が上がって、それ以来ずっと薬を飲んでいる」。

「付き添いが苦にならないのも子どもが15、16歳のころまでだったかな」。

「子どもが入院中、親がシャワーすら使えない病院がまだあるしね」。

長年に亘《わた》る介護の影響で身体が変形しているという話もたくさんあった。

長年の介護による身体への影響についての語りから

●手の指がヘバーデン結節（指の第一関節が変形して曲がる原因不明の病気）で変形していて、痛い。寝たきりの息子が口から食べられていた中学時代までは毎回抱いて食べさせていた（あれは、しんどかったなぁ）し、経管栄養になってからは便秘予防のおなかのマッサージで左手を酷使してきたからかな。常に痛みがあり、不意にモノに当たったりすると飛び上がるくらいに痛い。うまく絞れなくて、おひたしが水っぽくなった（笑）。医師は加齢だから治らないと言う。痛くても、在宅介護の生活は今まで通り。息子の朝の着替えが痛みのために辛くて、ヘルパーを追加でお願いしたのだけど、事業所の人手不足で対応してもらえていない。時々、この生活がいったいいつまで続くのだろう、と考える。61歳。

●ヘバーデン結節がある他に、20年前から両手とも手根管症候群（注：正中神経が手くびで圧迫されて手指がしびれたり痛みが出る病気）を患っている。子どもが小さい頃には階段をおんぶで上がっていたけど、6歳くらいからは左手を息子に握らせて、右手は手すりを握って二人分の身体の重みを引き上げるようにして上がってきたので、手に負担がかかってきたのだと思う。右手は6年前に手術をしたけど、左手は階段を上がる時に息子に握らせないわけにいかないので、手術ができないままになっている。66歳。

●24時間まったく気が抜けない過酷な介護生活のため、夫婦とも身体にほころびが出ている。母親の脚は介護負担のために変形しているし、手にも常時の痛みがあって不自由している。頭痛と吐き気もある。夫は不整脈があるし、身体にはいろいろサインが出ているが、常に誰かが家にいないといけないいし、強度行動障害のある息子を置いて外出するにはヘルパー2人体制を組まないと無理。親については、倒れて運び込まれるという事態にでもならないと、休養も通院もできない。58歳。ちなみに、「助けを求めるには余力がいる。その余力もない」と言ったのはこの人。

●脊椎管狭窄症になって、医師から「レントゲンを見たら今に始まった腰痛ではない」と言われた。それで、それまで自分で抱え込んでいた朝の身支度などに事業所に入ってもらい、通所から帰ってきた時に玄関で迎えていたのもベッドまで運んでもらうようになった。それでも、毎日少しでも何らかの訓練を、と思っている。「すこしくらいの腰痛だったら我慢してでもやってやりたいし、自分の身体が痛い時には足首を回してやるだけでも、と思って」。65歳。

老いて自分の身体が痛い時でも「せめて足首を回してやるだけでも」と頑張ろうとする親の思いの背景には、親の老いと並行して進行する本人の老いと重度重症化がある。

本人の老いについての語りから

●自分で起き上がったり寝返りを打っていたのが、全くできなくなっている。
●高齢化してきて、歩かなくなった。動かなくなった。

●この子も動かなくなったなぁ、と思う。前はハイハイで動き回ってはリビングの窓のところへ移動し、窓ガラスを叩いていたものだったけど、この頃はお尻をついたままの〝ずり這《ば》い〟しかしなくなった。決まった位置に敷いてやる座布団にいつもじっと座ったまま。前のように自分で動いてくれないから、身体の大きな息子を移動させるのが大変。

●加齢とともに嚥下や呼吸が難しくなり、最近は日々頻繁に吸引が必要となってきた。3年くらい前から夜間の睡眠時に酸素を使うようになり、昨年末からはバイパップ（マスク型人工呼吸器）を導入している。知的障害も最重度でコミュニケーションは快不快の表現ができるのかな、という程度。ただ言葉はないけれど、朝起きた時や時々出す小さなかわいい声が家族にとってはプレシャスで大切な喜びなので、できればこのまま非侵襲的な（体を傷つけない）人工呼吸器で行きたいのだけど、このままでいいのか、このまま行けるのかというジレンマを抱えている。いつかは、そうも言っていられない日が来るのかな、という不安がある。

一般に「障害児者の母親」というと「いつも元気に子どものために頑張る前向きなお母さん」というイメージで括られがちだけれど、障害のある子どもは決して頑健な人を母親に選んで生まれてくるわけではない。障害のある子どもの親以外の人がそうであるように、もともと自身の身体に弱いところを抱えていた親たちだっている。

母親自身がもともと弱いところを抱えていた人の語りから

●母親自身が弱視で身体障害者手帳を持っている。

●独身の時に股関節の手術をしている。その時は骨を切って中へ入れる手術だった。その後、15年前の60歳の時に人工関節への置換手術を受けた。長年痛みを我慢してきたけど、いよいよバス停まで歩けなくなってきて、その頃は娘がまだ独身で家にいたので、今なら長い入院になってもGHで暮らしている息子の世話を娘に頼めると考えて決心した。

●自分自身に子どもの頃から側弯症（背骨が曲がっている病気）がある。中学生の時には2週間の入院、高校生の時には手術もした。

息子は身体が大きく、座ることはできるが立ったり歩いたりできないので、介護にはずっと側弯症から来る身体の痛みが付きまとっていたけど、この歳（54）になると、もともとの側弯症に腰椎すべり症とヘルニアが加わって、常時の腰痛に悩んでいる。痛み止めの副作用で頭痛や嘔吐があり、医院を替わったり薬を替えてみたりしたけど改善されず、辛い。10代の時に手術をしてくれた医師に相談すると「骨を削ると楽になるかもしれない。内視鏡で手術できる先生を紹介する」と言ってもらったけど、遠くの病院だったので考えられなかった。息子が2週間に一度入所施設から帰省する時には、夫婦で協力してなんとか介護している。このまま付き合っていくしかないと思っている。

重い障害のある子どもを在宅でケアしている母親が手術を受けることが、どれだけ大変なことかを具体的に語ってくれた人の話を紹介したい。

●両膝を同時に手術した人の語りから

65歳だった1年前に両膝の手術をした。20年くらいずっと痛みに苦しんでいたけど諦めていた。医師から手術を勧められるたびに、そういう時のために持ち歩いている息子の写真を見せては「この子がいるので手術はできません。入院もできません。歩けるようにしてください」と繰り返していた。でもヒアルロン酸の注射も効き目はなく、長時間歩くことも早く歩くこともできず、立っているのも辛かった。とうとう医師に「このままだと数年で車いす生活になる」と言われて、息子の支援者に相談したら「なんとかなる。どうにかする」と言ってくれたので、決心した。医師は片膝ずつやれと言ったけど、この子がいるので両膝いっぺんにやってくださいとお願いした。医師は「たまにそういう人がいる。どうしても早く退院しないといけないので両方いっぺんにやってくれと言う人は、たいてい介護している人だ」と言っていた。

いよいよ手術をすることを決めてから、入院中の息子の生活を1年かけて準備した。市役所に相談に行って療育手帳と身体障害者手帳で利用可能なサービスとその量を弾き出した結果、週2日のサービスが不足することがわかったので、その2日は夫が早く帰ってくる、残り4日はヘルパーさんにデイからの帰りを迎えてもらう、土日は父親が面倒を見る、とスケジュールを決めた。夫やヘルパーでは対応できない事態が生じた時に備えて個室での入院にしてもらい、部屋に息子用のマットを入れておいた。そうしておけば、息子に何があっても自分がここでケアすればいい、と覚悟を決めていた。

夏に手術をしてもらったのは、息子の着衣がパンツ、シャツ、ズボンの3種で済むから。3つのかごを作って、それぞれに仕分けておいた他、作業所とショートステイの準備物一覧、飲ませる薬の種類、ガイドヘルパーとの準備物一覧、熱を出した時に電話すべき先（まずは母親）のメモを作っては貼ったので、壁がメモだらけになった。

手術の麻酔が切れた時に夫がそばにいたので、まっさきに聞いたのは「何時？」。夫が「15時」と答えたので、「もうすぐ（息子がデイから）帰ってくるから、すぐ家に戻って」と言ったら、看護師がびっくりしていた。

「いま振り返ると、その後はヘルパーさんたちの状況が変わってきているので、手術をあと一年待っていたら、あの時のような対応はしてもらえなかっただろうし、手術は無理になっていたろうと思います。あの時に決断しておいてよかった」。

そんなふうに時間をかけて準備できる事態ならまだしも、障害のある子どもをもつ親だって生身の人間だから、大きな病気も出てくるし、いきなり倒れることだってある。

母父の大きな病気についての語りから

●5年前に母親である自分が心臓病で倒れて、救急車で運ばれて1か月半の入院をした。計画相談の人がその間はキーパーソンになってくれた。知的障害と発達障害のある兄と知的障害のある弟がいて、日ごろ使っているショートステイでは足りず、他の複数の法人のショートステイも利用させてもらって何とか繋ぐしかなかった。

1か月くらいは管に繋がれっぱなしで、自分の身がすごくしんどい時には我が子のことを考える余裕なんかなかった。3週間くらいして、やっと考えられるようになった。上の子は発達障害もあってこだわりが強く、それまではGHもショートステイもいやだと言っていたけど、この時の体験で母親がいなくなる可能性もあると分かったらしくて、その後GHに入った。親がいなくなることはないと日ごろ思い込んでいるから、突然にいなくなると子どものショックが大きすぎる。58歳。

●母親の自分が乳がんになったため、娘は31歳の時に施設に入所した。「自分が乳癌だと分かった時のショックは、娘の障害を知った時ほどではなかったですね。だって、癌を知った時は死にたいとは思わなかったもの」。

説明を聞く時に医師に「一人で来たのか」と聞かれたので、「一人できました。覚悟はしてるから、先生はっきり言ってください。うちにはこういう子どもがいるんだから、手術するにもこの子の行き先を決めてからでないとできません」と、きっぱり言った。それで、ショートステイの段取りをしてから手術の日を決めた。周りはオロオロしていたけど、私自身は「この子のために治さないといけない。この子を一人で残すわけにはいかない。絶対に治す」と決心して、しゃんとしていた。あの子がいなかったら、そうはなれなかった（この人はその後も大腸がん、肺がんを相次いで患い、72歳の現在も通院している）。

●夫（71歳）は5年前に肺炎と心不全を起こした。去年の夏にも心不全で入院。その直後の秋には救急車で緊急入院して、今はカテーテルを入れる手術の順番待ちをしている。それでも週末にGHから息子をつれて帰る時には、父親が抱えて車に乗せる。夫婦ともたいへんだけど、我が子がかわいいから頑張れる。

●夫（88歳）の健康は不安定で、かなり心配な状態。今年に入って胸が苦しいと病院に行ったら、ステントを入れる手術が必要になった。手術は一泊で済んだが、待ち時間が長くて疲れたり、夜間に通用門から出たら方向が全く分からなくなって暗い夜道をさまよったり、高齢になってからの介護はつらいと感じた。

GHで暮らしている息子は体重が38キロあり、週末に帰省させると夫婦で抱えるのがやっとの状態。やり方の工夫をしているが、ちょっとした時に夫が転んだりして、あぶない。

●夫（65歳）はまだ仕事をしているが、狭心症2回、脳梗塞の後遺症、神経系の病気もあって力が入らず、介護力という点では難しい。夫はベッドと車いす間の移乗を自分の役割と思ってやっているが、力が入らないので怖い。入浴はヘルパーさんに週3回来てもらっているが、介護は母（63歳）一人にかかっている。

70代後半のある人は、「今のご自身の生活に不安は？」との問いに我が子のことばかり答えていたのに、帰りがけに階段の前で立ち話をしていると、膝を傷めているとのこと。改めて伺ってみると、2年以上前から痛みが始まっていたそうだ。サポーターをして痛み止めを飲んでいたが、今は整形外科の薬を飲んでいる。以前かかっていた医師からは「手術しかない」と言われていたが、今の医師は「痛みがそれほどでなければ手術まではしなくていい」と言っているそうだ。子どもは知的障害だから在宅でもケアに支障はないと言われるが、子どもを追いかけなければならない場面もあるだろうし、日常生活での痛みだってあるだろうに、母親はまず我が子のことを語るのがこれほどまでに習い性となっているのだなぁ……、と痛感させられた場面の一つだった。

第2章　多重介護を担う

私が話を聞かせてもらった50代後半から80代というのは、いわば介護世代に当たる。50代、60代では老親の介護を担っている人、すでに終えた人が多く、70代以降になるとそれに加えて、配偶者の介護を担っている人、すでに見送った人が含まれてくる。いずれにせよ、重い障害のある子どもの母親が老親や夫の介護を担う時、それは我が子とのダブル介護となる。前章で語られていたように、自身の老いが進行し、身体に異変が起こってきている。それでも治療がままならなかったり、我が子の生活を支えるために無理を重ねるしかない日々の暮らしに、老親や夫の介護がさらに追加されて入ってくるのだ。そうした中で大怪我をしたという話が多いのは、高齢期に差し掛かった母親たちにとって多重介護生活がいかに負担が大きく余裕のないものであるかを物語っている。

ただ、インタビューから新たに気付かされたのは、老親の介護が必ずしも「ただの負担」や「厄介なこと」と単純に受け止められているわけではないことだ。むしろ介護してあげられたことを幸せだと感じている人もいるし、障害のある子どもを育ててきた体験が親の介護に役立っていることに誇りを覚えている人もいる。

老親の看取りについて語られた短い言葉に胸を突かれたことがあった。それは介護についての質問ではなく、「今までで一番つらかったのはいつでしたか」という質問への答えだった。「今までで一番つらかったのは、親の死に目に会えなかったこと。支援がない時代で、子どもを預けるところもなく、お別れもゆっくりできなかった。両親に申し訳ない気持ちでいっぱいでした」。

老親の介護についての語りから

●重度重複障害がある息子の思春期（当時は在宅）の頃から、当時70歳くらいだった同居の姑に、腸に穴が開いたり、結石や白内障で手術するなど、様々な異変が起こるようになったが、最後はおなかが痛いと言って寝て、そのまま逝ってしまった。その時に夫の姉に「お母さんの面倒をちゃんと見てくれなかった」と責められた。その義姉が今は大腸がんで入院しているので、毎日病院へ行っては1時間くらい話し相手になっている（息子は現在はGH。通院などは親が連れていくほか週末は帰省）。実家の両親が亡くなる時にも、いろいろしてあげられたのは幸せだったし、いま振り返ると私の人生はこんなふうにいろんな人の介護をするようになっていたのかなぁ、と思う。介護また介護でたいへんな人生だったけど、振り返るとちゃんとやれていたんだな、とも思う。身近な人たちの中にも障害のある子どもをもつ人がいて、これまでの体験からそういう人にアドバイスしてあげることができて、喜んでもらえるのが嬉しい。

●実母が数年前に交通事故に遭って認知症気味。高次脳機能障害かもしれない。父は母がそうなってから気持ちが沈み、飲んだくれて何もしない。それで姉と一緒に母の介護に行っている。姉は介護体験がないので、そんな父にイライラして怒鳴りつけたりしているけど、私は我が子（自宅から作業所に通っている）に比べたら楽だと感じている。姉も「やっぱり障害のある子を育ててきたあなたはすごい」と言ってくれる。

●自分（69歳）の両親は遠方なので直接的な介護はしていないが、障害のある子どもがいると知識や体験があって状況判断も行動も早いので、おのずと病院や施設との連絡調整などの役回りになる。それで、介護、葬儀、家の管理のために遠方の故郷との間を何度も行ったり来たりした。合間にはGHで暮らす息子の帰省や通院があり、休む暇がなかった。疲れが取れず、その間に自分自身も大けがをした。

●79歳で姑が夫と死に別れたので、その翌年に同じマンションの隣の部屋に来てもらった。数年間は週に一度こちらの部屋で一緒に食事をして、たまに外出に付き合うくらいで済んでいたが、85歳を過ぎると耳も遠くなり、何かと生活上の不安も増えた。病院への通院にもずっと付き添っていくようになり、そのうちに息子の訪問診療の医師と訪問看護事業所に姑のケアにも入ってもらうようになった。

毎日夕食を届けるようになると、味付けはもちろん盛り付けにまでいちいち文句を言われるし、夜7時から7時半の間に届けないと機嫌が悪くなるので、気を遣った。自分たちだけなら買ってきたもので済ませることもできるけど、そうもいかないし。身体介護が必要な状態ではなかったけど、「携帯電話がおかしくなったからすぐに来て」などと頻繁に急な頼み事で呼ばれたりして、精神的に参った。

そんなさなか、息子の在宅医と看護師が来て診てもらっている時に、ベッドの足元を移動していて転んだ。痛かったけど、その日も次の日も息子が一日中家にいる日だったから出かけることができず、やっと整形外科を受診できたのは4日後。ろっ骨が2本折れていた。

●実母が骨折したのを機に自宅に引き取って、7年弱ほど介護した。その間はおばあちゃんと障害のある子ども二人と計3人の介護になった。おばあちゃんは車いす生活で自力では動けず、下の世話など手がかかった、今まで母親の愛情を兄弟で独占しつつ自分よりも障害の重い兄に嫉妬していた妹が、おばあちゃんにも嫉妬して意地悪をし始めた。一方のおばあちゃんも、耳が遠いことも手伝って僻《ひが》みっぽくなり「あなたはミカちゃん（下の子）ばっかり」などと言うので、二人の板挟みになるのが辛かった。そのストレスから呼吸ができなくなり、喘息になった。

●91歳、要介護度3の実母が一人暮らしをしていて、一人で歩けるものの物忘れがひどく、お金の管理や日々の買い物のすべてを引き受けている。ダブル介護とまではいかないが、「あっちもこっちも気を遣って暮らすのは、ややこしくしんどいことです」。

夫の看取りについての語りから

●3年前に看取るまで、夫の介護が7、8年あった。それ以前から自分自身（72歳）もいくつもの大病に見舞われていた。両親の介護も始まって、自分の闘病と並行して夫を介護しながら、1週間のうちに父のところへ行く日、母のところへ行く日、その合間には施設で暮らす娘のところへ行く日と、何かを考える暇がないほどに慌ただしく、あまりに忙しかったから辛いと感じる余裕もなかった。

●夫は昨年春の定期検診で異常があるといわれて大きな病院を受診したら、癌がすでにリンパにも回って手術できない状態になっていた。本人もどうせ死ぬなら好きなことをしたいと言って畑仕事を続けた。夏に「わしはもうヨースケを施設から家に連れて帰ってやることができん」と言ったあたりから急速に体調を崩して、1か月の入院で亡くなった。

亡くなる10日前に「世話になって、ありがとう。みんなによろしく言って」と言った。日ごろから妻として十分なことをしてあげられなかったし、心配事も多かったろうから「子どもが二人とも障害をもって、幸せじゃなかったでしょう？」と訊いたら、「いや。幸せだった。ありがとう」と答えてくれた。

夫が亡くなってから、ボケそうになった。お昼からゴロンと横になったら、そのまま眠ってしまったり、ご飯を作ろうという気がなくなったり。出かけたくないし、何もする気が起きなくてぼーっとしていた。それで、週に3日、病院の厨房で働き始めた。一人で家にいると、良いことは考えないから。

この人はそんなことを話した後で、「なんでも話せる関係は、やっぱり夫婦ならではだから……」としみじみとした口調でつぶやき、じっと正面から私を見ると「ご主人を大切にしてあげなさいよ」。言葉では語ることのできない万感の思いがその眼差しにも言葉にも込められていて、胸に重く残った。

また、今は成人したきょうだいへのサポートや、その子育て期の手伝いで多重介護状態に身を置いている人たちもいる。第１部第２章で紹介した、子育て期にきょうだい児と親の間にあった、それぞれに複雑な思いは、ここでも微妙な影を落としている。

きょうだいへのサポートについての語りから

●重度重複障害がある息子に３歳上の姉（42歳）がいて、「お母さんのようになりたくないから結婚はしない」と言う。それなら自分で自分を養いなさいと、やりたいということを大学や専門学校で次々にやらせてきたけど、人間関係が原因でどれも途中でめげてしまう。弟がお世話になっている法人で働いたこともあったが、「○○君のお姉さん」と可愛がってくれる職員がいなくなったら続かなかった。現在は働かずに、同じ町で一人暮らしをしている。家賃や光熱費は親が出してやっている。「この先いつまでも払えないよ。前へ進むしかないのよ」と言いきかせてはいるけど、いくら言っても働こうとしない。この子が結婚していないことについても、周りから「親の育て方が悪いからだ」と言われることがある。

●長女（42歳）は若い頃に難病が徐々に進行していたのに、一番下の弟に重い障害があったから我慢して言わなかったし、私も分かってやれなかった。もっと早くにしっかり診てもらっていたら……という思いがずっとある。

本当は長女をGHから家につれて帰ってやろうと夫と一緒に家の改造を計画していたのだけど、そこで夫に思いもよらない大きな病気が見つかり、そのまま数か月後に亡くなってしまった。それで家の改造はできないままになった。

次女が住んでいる地域の市営住宅に入ることができたら、長女をGHから引き取って、次女の手を借りながら長女と2人で暮らそうと考えている。今のGHはいずれ医療的ケアが必要になると出なければならないし、長女のことは何をしていても頭から離れないから、それなら家で二人でのんびり、ゆっくり暮らしていけたら、と思っている。

「72歳で、これから重い障害のある娘さんを引き取って一緒に暮らすというのは、すごい決意と覚悟ですね」と言ったら、「去年、長女が高熱で入院したんですよ。その時にGHの職員さんが『今はまだうちのGHでだいじょうぶだけど、本人は何もかも分かっていて、言いたいことがいっぱいおありです』と。それを聞いて、この子は小さい頃から我慢ばっかりしてきたんだなぁと思って、これからは私はこの子のために生きると決めたんです。だって子どもは、生き方というものを教えてくれたからね」。

今は10日に一度は施設で暮らす息子のところへ行き、週に2、3回は長女のGHに通い、そちらでは時には泊まり込む。「元気でおらにゃいけんからね。それが私の仕事だからね」。

●障害のある息子タカシについては、やるだけやって悔いはないけど、娘二人には息子の100分の1だったような気がする。余裕がない中で仕方がなかったと頭では思っていても、やっぱり忸怩たる思いがあるから、娘たちが子どもを産んだら手伝いはどんなことでもしてやろうと考えていた。でも実際には、子育てをめぐって意見が食い違うと、37歳になった娘から「結局、お母さんは私のおなかの子よりもタカシの方が大事なのよね」「私が相談したかった時には聞いてくれなかったくせに、なんで今だけ口を出すの？」などと言われてしまう。

●重度重複障害のある長女（47歳）が5歳の時に、父親が仕事の関係で1年間英国に行くことになった。自分は子どもを置いて一緒に行くことは全く頭になかったけど、母から「あんたは障害のある子に必死で、下の子を見てないでしょ」とたしなめられた。実際、1歳半違いの次女にはチック、指しゃぶり、おねしょがあったので、長女を施設に入所させて次女をつれて親子3人で渡英することにした。次女は言葉が分からない環境に投げ込まれたにもかかわらず、すぐにチックもおねしょも消えた。親を独占できる喜びがそれだけ大きかったのだと思う。

渡英中に夫婦で話し合って、親は先に死ぬから、その時に次女が一人で長女の面倒を見ることになるより相談できる兄弟がいるほうがよいだろうと考え、帰国後に計画的にもう一人子どもを産んだ。施設入所させた時には帰国したら引き取ろうと考えていたけど、3人目の出産、その直後から始まった夫の両親の介護などから、長女はそのまま施設に置いておくことになった。昔からの知人に、身体障害のある47歳の息子から、幼児期に施設に入れたことを「オカアは育児放棄をした」と今も責められている人がいる。私も「育児放棄をした」と言われたら、「その通りです、ごめんなさい」と言うしかない。

次女（45歳）は結婚して、新幹線で1時間半ほどのところに住んでいる。13歳と11歳の子どもがいる。上の子はこだわりが強く、感情のコントロールができない。赤ちゃんの頃から感覚過敏がひどく、「こんな子は見たことがない」と思うほど「変わった子」だった。あまりの育てにくさで次女の精神状態が心配だったので、孫の幼児期には3週間くらい娘の家に泊まりこんで手伝ってはいったん自宅に戻り、また新幹線で往復する生活を送った。自宅に帰るために娘の家を出る時、これから数日は一人きりの子育てになる心細さから、玄関で娘が泣く。それを見るたび「小さい頃には障害のある姉のことで泣かせて、今はこういうことで泣かせるのか……」と、自分も涙が出た。

孫も成長とともにずいぶん落ち着いてきたが、今でも激高すると何が起こるか分からないので、兄弟を2人だけで家に置いて親が出かけることはできない。24時間ずっと張りつめた生活の大変さを想像すると「私だったら死ぬわ」と思う。娘が「手伝いに来てほしい」と言ってくる時のちょっとしたやりとりの中に、「昔してくれなかったじゃない」「だから今してくれて当たり前じゃない」と言われているような気がすることがある。そのたびに、この子が1歳から5歳の間に長女に手を取られていた自分を振り返る。次女の中に「私が必要としている時には何もしてくれなかったのに」という根深い思いを感じている。

独身の弟(39)は、海外在住。帰国する際には、長女の施設からの帰省のタイミングに合わせて帰ってきて、高齢の親には困難となった介護の力仕事を担ってくれる。この子には何もしてやれなかったから、何も求めまいと思っている。

現在73歳。月に数回は施設にいる長女のところへ行く他、孫が少し落ち着いてきた今でも新幹線で次女の子育てを手伝いに通う。

第３章　地域の資源不足にあえぐ

日本ケアラー連盟が「はじめに」で紹介したシンポ「障害者家族のノーマライゼーション」を開催した５日後の２０１９年３月８日、ＮＨＫ名古屋が「調査報道プロジェクト　障害者と家族〜４２６６の声から」を放送した。この５年間の障害者への虐待件数は一万二〇〇〇件以上、その加害者の７割が家族という実態を受け、ＮＨＫ名古屋は特に被害者となりやすい知的障害者・精神障害者の家族へのアンケートを実施。その結果、同居する家族の７割が60歳以上。「自殺や心中を考えたことがある」人は４人に１人。経済状況に「全然ゆとりがない」が16％、「あまりゆとりがない」が45％。「暴力や暴言を受けた経験がある」が45％だった。

番組の中で紹介されている坂本さん親子は、母親の美鈴さんが69歳。シングルマザーだ。息子の直人さん（38歳）には重度知的障害に伴う自閉症があり、薬の影響からか水を飲み続けようとするために目を離すことができない。美鈴さんは生活費を稼ぐために週5回清掃員の仕事をしている。朝5時に家を出る際には、息子が起きても外に出られないよう自転車で玄関ドアを外から押さえる。２時間後にいったん帰宅して息子を起こし、食事と歯磨き。その後また職場に戻る。体力に自信がなく、いつまでこの生活ができるか不安だという。

中山さん親子は、母親の文子さんは70歳、息子の忠弘さん（45歳）には重度の知的障害に伴う自閉症がある。自傷行為やトイレの水に手を入れるなどのこだわりがあり、夜通し見張って親子とも眠れない夜もある。現在は父親の勝男さんも要介護認定を受けていて、歩行や排せつに介助が必要。文子さんには多重介護となっている。

このように重い障害のある人の介護を高齢期の家族が丸抱えせざるを得ない実態の背景には、ノーマライゼーションの理念のもとに大規模施設を新たに作らず「地域移行」を進めるとする国の方針がある、と番組は指摘する。アンケートでは、自殺や心中を考えたことがある家族の半数が病院や施設の整備を望んでいるが、ＮＨＫの取材に厚労省は「今後も本人の意思を尊重して地域移行を進めていく」と回答している。

入所施設を作らないという国の方針が地方自治体の障害者福祉計画に与える影響について、障害者の生活と権利を守る全国連絡協議会は、以下のように指摘する。

国による「入所施設からの地域移行12％、定員４％減」を目指すとしている指針は、各県・市の障害福祉計画の目標に影響を与え、多くの自治体が入所施設の必要を認識しても、計画上積極的な方針を持つことができない状況を生み出しています。

さらに、国の社会福祉施設整備補助金予算が２００９年度１００億円であったものが、２０１

５年度26億円に急減していることなど、入所施設の整備に自治体が取り組めない理由にされています（全障協「障害者の介護者の健康に関する実態調査報告書　家族依存からの早期脱却を!!『老障介護』の解消は急務！」p.1）。

私がインタビューさせてもらった人の多くが、こうした国の方針や地方自治体の事情を知っていたし、現にどの地域でも「入所施設は待機者が多くて、とうてい入れない」という状況だった。特に重度重複障害者や医療的ケアを必要とする人では医療を中心にしたケアの専門性が高く、支援資源がこれまで入所施設を擁する大きな施設に集約されてきたこともあって、入所施設の不足はとりもなおさずショートステイや緊急時の受け皿の不在を意味している。在宅の人は自身や子どもの老いが同時進行する中で多重介護の生活を続けながら、自分の住む地域でも新規に入所施設はできないと想定せざるを得ず、先を見通せない不安が大きい。

「寝たきりで医療的ケアが必要な息子はＧＨは無理だと思っていたので、医療療育センターの通所に行っている。私たち親も60代になり、夫か自分のどちらかに何かあったら、センターの入所部門にお世話になりたいと思っているが、20人以上の待機がある」。

「知的障害の人では利用できる地域の資源があるが、重度の人の受け入れ先はない。緊急時の受け皿もない」。

「自分の健康面に気を付けてはいるが、この歳になれば明日どうなるか分からないという不安は常にある。一番心配なのは子どものこと。願いとしては住み慣れた地域で過ごさせてやりたいけど、受け皿がない。通所やショートステイで馴染みがある医療療育センターの入所施設はいっぱい」。

そんな中で、いざ親に何かあったら我が子はどうなるのか。相談支援専門員や事業所の関係者が奔走して、まずは入所施設で空きがあるところを探すことになるのだろう。住んでいる地域周辺の入所施設に空きがあるくらいなら、そもそもこんな事態は起こらないのだから、入れる施設が見つかるとしたら遠方になるかもしれない。実際、我が子の暮らしの場を求めて施設に空きのある県外に引っ越す事例もあるという。

「重度で医療的ケアが必要なため、生活の場は探しても断られてばかりで、不安は増す一方。親も弱ってきているから、怖いのは、全く知らない他府県の入所施設に入れられてしまうことなんです。親の病院通いも増えてきました。夜間は訪問看護にも入ってもらうようになったけど、親に急に何かあったら、作業所の職員か計画相談の人が探してくれた先に入れられてしまう」。

「お金がなければ、遠くの施設にいったいどうやって連れて行ったらいいの、家族はどうやって会いに行けるの、と思います」。

それでも、遠方でも施設に入れるなら、安定した暮らしの基盤が整うという点では、まだ幸運なほうなのだという。

「遠くの施設すら見つからなければ、〝ロング・ショートステイ〟になってしまうかもしれない。うちの地域で重度者が入れる入所施設は順番待ちがものすごく多くて、そこでも〝ロング・ショートステイ〟になっている事例もあります」

NHK名古屋の番組の半年後、テレビ朝日が6月23日に放送したのが「老障介護～ショートステイは今」だ。大阪府堺市のショートステイえるとを舞台に、高齢期を迎えた親たちがショートステイだけを頼りに、綱渡りのような在宅介護を続けながら不安を募らせる姿が描き出されている。えるとの職員の津田真一さんは「60代後半から70代の母父が多い。かなり無理してみておられるのではないか」と言い、病を抱える親も増えてきたと語っている。えるとでは、月に2回の予約日、2か月先の予約を取ろうとする親たちからの電話がひっきりなしにかかってくる。その数、1時間で56本。

「老障介護はすでに限界」「子どもたちに終の棲家を増やしてほしい」と、親たちは「障害児者の暮らしの場を考える会」を結成し、2018年11月に厚労省に要望書を提出した。その場では、「入所施設を希望したら、今100人の待機者がいる、と（言われた）」という母親の痛切な訴えが聞かれた。

番組によると、入所施設の待機者は埼玉県で1663人（2019年5月）、大阪府では延べ1000人以上（2017年）。入所施設だけではなくショートステイも不足しているため、親になにかあった場合、子どもはショートステイを転々として暮らすことになる。

番組で紹介された、知的障害のある吉田正三《まさみ》さん（58歳）の事例は衝撃的だ。父親と二人暮らしだったが、取材の３か月前に父親が入浴中に急死。近所の人に事情を訴えて保護されたが、どこのショートステイもいっぱいで行き場がない。結局、５か月の間にショートステイを66回も移動しながら暮らした。最終的には、相談支援専門員がようやく見つけた高齢者用の賃貸住宅に入居することができたが、その間には、移動を繰り返す生活に体調を崩し、入院したこともあった。

行き先が決まらないまま根無し草の生活を続ける吉田さんは、慣れぬ施設のリビングにぽつねんと座り、一人で食事をとる。父親の話が出ると、心細さにむせび泣く。これが「親亡き後」の我が子の姿だとしたら……と想像すると、胸中とてもじゃないが穏やかではいられない姿だった。番組によると、堺市で２０１８年に１ヶ月以上ショートステイにいる人は14人。そのうち３人は５年以上滞在している、いわゆる〝ロング・ショートステイ〟だ。理由は両親の他界と病気。

私のインタビューでは、そこまで切迫した事例はなかったが、座談会形式でのインタビューのセッティングを引き受けてくれた人から、「母親仲間に当たってみたけど、時間的、体力的な余裕がない、あるいは精神的にそういう話をする気になれない、などの理由で断わる人が思いのほかに多かった」と聞いたことがあった。「50代後半以降の方を」とお願いしたので、これまでの章で見られたような健康問題や多重介護の可能性を考えると、無理もないことだと思う。応じてくださったのは、もちろん相当な無理をしてのことであるにせよ、少なくともそれだけの時間とエネルギーを割ける状況にある人たちということだろう。

それでも、在宅で我が子を介護している人たちの語りでは、入所施設をはじめとする支援資源の不足に加えて、最近はどこの事業所でも人手不足が深刻化して資源がさらに痩せている実態が深刻だった。以下、重度重複障害のある子どもを在宅でケアしている人たちと、重度知的 and/or 発達障害のある子どもを在宅でケアしている人たちの語りから、いくつかを紹介したい。

なお、地域の資源をめぐる語りを紹介するにあたって、あらかじめお断りしておきたいことがある。このたびのインタビューは、ごく少数の身近な友人知人の他、重い障害のある子どもをもつ遠方の友人にセッティングをお願いしたり、また仕事を通じて知り合った専門職に紹介してもらって実現したものが多い。私自身が入所施設で暮らす重度重複障害者の親ということもあり、おのずと、入所施設利用者の割合が一般的な地域での割合よりも高くなった。また、何らかの運動を担ってきたリーダーや施設やＧＨを作ってきた人も一般的な地域の割合以上に含まれている。さらに、複数の人での座談会形式のインタビューのうちの２つが、比較的新しい重症児者施設を擁する法人と、後述する経緯で昨年入所施設を作った法人の利用者の中から協力を募ったものだったため、「最近施設に入った」という語りがいくつか登場する。入所施設は不足していないかのような印象が生じてしまうかもしれないが、それは上記のような事情によるものにすぎない。

それら２つの施設は、一方は先駆けとして日本の重症児福祉を切り拓いてこられ、もう一方も障害種別を問わず地域での豊かな生活を求めて長年優れた実践をしてこられており、ともに独自の高い理念で広く知られた法人の取り組みである。「施設か地域か」という二者択一の議論でイメージされがちな、いわゆる「収容型」でも「大型入所施設」でもなく、それぞれに個性的で今の時代においても先を行く実践をしておられる法人の施設であることをお断りしておく。

重度重複障害のある子どもを在宅で介護している人たちの語りから

●高校を卒業した時、市内の医療的ケアの人が行ける通所は満杯で、行政は「他の市に行ってください」しか言わなかった。たまたま空きが出たから入れたけど、行政ってこんなものかと思い知らされた。

●ショートステイは月に８日支給されているけど、事業所に受け皿がなくて、そんなにはとれない。全国的な親の会の役員をしているので、その仕事に行く時は優先してもらえるが、それでも月に３泊４日くらいしか利用できない。他の人はもっと少ない。ショートステイはお金もかかるので、経済的なこともある。

●医療的ケアが必要な人のショートステイが数年前から18歳未満限定となり、現在、自分が住んでいる市には医療的ケアが必要な成人が利用できるショートステイは皆無。重症児者施設も遠方で利用できない。

●首の座りもなく緊張が強く、33キロを超えた子どもに、親も介護力が低下して、してやりたくてもしてやれないことがうんと増えて、「在宅」を続けるという言葉の重みをジワリと感じている。

●重度重複障害がある娘が通所を利用している法人が10床のＧＨを作ったけど、男性のみ。これからＧＨに空きが出るとも思えないし、ＧＨ自体、採算が取れず成り立たないから、もう打ち止めだと聞いた。不安。

●近隣では閉鎖していく事業所も多く、とりわけ重度の人の行き場がなくなっている。入所施設でも、風邪をひいたら家につれて帰ってくれと言うところもあると聞く。一方で民間の手が入って企業が事業所を立ち上げているけど、いつ潰れるか分からないし、利益中心の運営になっているような気がする。

インタビュー全般を通じて、どこの事業所でも人手不足が深刻で、地域で利用できる資源が限られていく、という切実な話がたくさん聞かれたが、インタビューをさせてもらった当日に、人手不足のため支援の打ち切りを言い渡される、という体験をした人がいた。

●（インタビューがあった当日）夕方から身体介護と入浴介助が予定されていた。支援費制度が始まった頃から15年くらいの付き合いの事業所で、今まで人は替わりながらも曜日と時間固定でヘルパー二人に入ってもらっていた。予告もなく、この日いきなり翌月から人がいなくて支援に入れなくなったと説明された。「一気に胃が痛くなりました。また事業所探し。母はこんなことの繰り返しで、たくましくなるしかない」。軸となっていた支援が崩れると生活全体の調整が必要になってくる。入浴介助は労力がいるうえ他の事業所もいっぱいで、厳しい現状がある。相談支援員と母自身のルートで探すしかない。

その後、この人からは、相談支援員の尽力で他の事業所が見つかり、打ち切りと言っていた事業所にも回数は減ったものの継続してもらえることになったと聞いた。しかし、この件をめぐって周辺の何人かとやりとりをする中で、在宅の親たちは何度もこうした綱渡りを繰り返してきたのだなぁ、とそのストレスの大きさを痛感させられた。相談員にも様々な人がいて、中には医療的ケアや重症者については十分な知識を欠いている人もいること、また相談員がいても、地域の資源そのものが圧倒的に不足しているためにどうにもならず、結局は母親が自分のネットワークを通じて必死で動いて探すしかない場合も多いことなど、数人から耳にした。

重度知的 and/or 発達障害のある子どもを在宅でケアしている人の語りから

●息子は家で暮らして通所に行っているが、この地域にGHは一つしかない。GHも〝持参金〟が必要なところがあるから、先のことを考えると、お金も残しておいてやらないといけないなと考えている。

●娘は聴覚過敏があってイヤマフ（耳を覆う防寒・防音具）をつけている。音が辛いので、いろんな人がいて大声を出しているような普通のＧＨには入れない。既存のところに行ったら、真っ先に虐待されるタイプだと思う。本当に静かな環境があれば、と思うけど、そういうところがなければ、自分で作るしかないのかな。

●最初に行った生活介護は良くなかったけど、選ぶことができなくて入るしかなかった。

●この地域では通所もＧＨも職員の扱いがひどく、利用者を怒鳴りつけている。親も不満は大きいけど、地域には手広くやっている大きな法人の他に資源がないので、逆らっても子どもを行かせるところがなくなるだけだから、誰も言わない。そこだってもういっぱいだし、他にいくつかある小さな事業所も生活介護はいっぱいで、重度の人の行き場はない。大きな町まで行けば受け皿はあるけど、自力でそこまで行かないと引き受けてもらえない。

●通所の職員が忙しくて親とのコミュニケーションが取れていない。本人とのコミュニケーションがどれだけあるのか、わからない。

●（母親が心不全で倒れて救急車で運ばれ、１か月半の入院中は二人の息子が複数の事業所のショートステイを利用してしのいだ体験を語ってくれた人。その時の体験から兄の方はＧＨで暮らすようになったが、弟は現在も在宅）心不全だから不安を抱えつつだけど、入所もＧＨも増えないので、下の子がこのままでは我が身のことどころではない。それに、短期間でどうこうできる問題でもない。「なんとか生きている間に下の子をＧＨへ入れて、いろいろ整えてから死んでいけたらなぁ……」。

●26歳の娘には最重度の知的障害と自閉症があり、24時間見守りが必要。大きな職員集団で見守りをしてもらえるところが良いが、だから入所というのではなくGHでも重度の人の支援が可能なら、と思う。ただ現実には今そういう場所はないので切実。今はできたばかりの入所施設に併設のショートステイを利用している。できた時に入所を希望したところ40人定員に200人を超える希望があって、入ることができなかった。近い将来に入所施設ができるのだろうか。そうはいかないと思う。

（入所施設削減という国の方針の中、テレビ朝日の番組に出ていた「障害児者の暮らしの場を考える会」が厚労省と交渉を重ね、2018年度に全国で10か所の入所施設建設が予算化された。ここで「出来たばかりの入所施設」とされているのは、そのうちの一つ）

●お世話になっている法人にショートステイが一つしかなく、とても間に合わないので要望して、もう一つができた。こちらは車いすの人専用で、車いすのままお風呂にも入れるようになっている。増えても電話で予約をとるのが大変。1時間かけ続けても繋がらないことがあり、やっと繋がったと思っても、そういう時には既に予約がいっぱいになっていたりする。毎月2回ある予約日は「電話をかける日」として予定を空けておかなければならない。それはつまり、親が元気で電話をかけられる人でないと利用できないということ。

事業所の方も人が足りない中でも親の苦境を見れば、ショートステイを増やすなど、できない無理もしていることが想像される。そんな話が他にもあった。

●重度知的障害のある子どもが成人してから入所施設に入れた知人がいるのだけど、親の知らないうちに薬で大人しくさせられていたので、家につれて帰り、うちの作業所に来るようになった。「職員が十分にいないため、お母さんがついてくるなら」という条件で受け入れてもらったと聞いていたが、その後ひさしぶりにそのお母さんに会ったら元気がなく、「このまえ自閉症の子をつれて母親が心中した事件が福岡であったでしょう？　うちもああいうことになりかねないんです」なんて言う。

自分は家族会役員なので、作業所の職員に「母親が毎日付き添うのは大変な負担。家族会から働いていない母親に二人ずつ出てもらうから、その日はその人が来なくてもいいことにしてあげられないか？」と提案してみた。そしたら作業所側が「こちらで対処します」と言ってくれて、その人は週に2日ほど付き添わなくてもいい日ができた。

「職員の方も必死でしんどいから、親がしんどいことは分からないんですよね。でもその件があって、作業所の姿勢も変わったし、話し合わないといけないな、と思いました」。

ある地域生活支援事業所の幹部職員の語りから

●通所でもGHでも、お母さんたちの中にいろいろ体調を崩す人が増えている。手術を控えている人が現在二人。その前にも二人手術をした人がいた。たまたま重ならなかったから今までは何とかなってきたが、これからは不安。

●緊急時の地域での受け皿は非常に少ない。ショートステイは受け入れ先が足りていないから、お母さんたちには「１か所での対応は難しいから、早めに複数の事業所と契約して利用できるようにしておいて」と頼んでいる。

●市では資源のネットワーク化を進めている。自立支援協議会にも当事者や事業所などが入って、困難事例などの情報を共有する他、ＧＨや短期入所などの状況を常に把握し、例えば母親が入院した場合などへの対応で連携している。現実を知るということがまず大事。

●当市のＧＨ71か所のうち、現在空きがあるのは4か所。「一応相談に乗る」が16か所。医療的ケアの必要な重症者の受け入れをしているところはほぼ無い。ＧＨはもともと知的障害の人が想定されていて、重症者の想定はされていないと思う。ＧＨ単体では重症者を対象に採算をとるのは難しい。２０１５年に消防法が改正され、区分4以上が8割を超える場合、スプリンクラーの設置が義務化された。スプリンクラー等を設置するのに４００万円以上かかるため、このままでは重度の人を受け入れるＧＨは増えない。

●国は地域福祉を言う割には、地域の整備は進まない。障害者運動をやってきた人たちはいるが、後に続く人がいない。事業をやっていて、現実を見ると怖くてたまらない。利用者の切迫した状況は見えるので、これからどうなっていくのか、恐ろしくてたまらない。

国の「施設削減」「地域移行」の方針の中ではＧＨが重視されているし、巷の議論でも「今はＧ

Hが増えてきたから、どんなに重度な人でも地域のGHで自分らしく暮らせる時代になった」と言われるのを耳にすることが多い。実際、今回のインタビューでも、知的障害 and/or 発達障害のある人を中心に、思いのほかGHで暮らしている人が多いなという印象だった。

しかし、前述の自閉症の人の事例で聴覚過敏のために普通のGHには向かないという懸念の声があったように、GHの生活形態に向いていない人もいる。18年間の入所施設での暮らしを経てGHに移り、さらに別のGHに替わったという知的障害を伴う自閉症の人の事例でも、「入所の時は施設空間が広いから、自分なりの居場所を見つけて、そこで一人になって落ち着くことができていたけど、GHだと広さがないから行動の自由度が低い。さらに最初のGHは自閉の人ばかりで、みんなが静かに引きこもっているのが本人には合わなかった」という体験が語られたし、「本人が歳を重ねてGHはしんどくなっているケースもある」と話す人もあった。

親にとっての何よりの心配は、GHが本当に我が子の終の棲家たりうるのか、という問題だろう。インタビューで「国は地域移行という方針の中でGHを挙げているけれど、GHが終の棲家にならないことははっきりしている」と断言した人があった。確かに、我が子がGHで暮らしている人たちの話を聞いていると、親から見てGHは親亡き後を安心して託せる「終の棲家」にはなりえていない。

重度重複障害のある子どもがＧＨで暮らしている人の語りから

●息子（38）が27歳の頃に、地域に重症者も受け入れようとの姿勢のＧＨ（当時の制度ではケアホーム）ができて、入らないかと声をかけてもらった。ちょうど母親の体力が衰えて、いろんな病気も出はじめた頃だったので、２年くらい少しずつ慣らしていってから入所。今もそこで暮らしている。

昼間は同じ法人が運営するデイに通い、時々家に帰ってくる生活を本人は楽しんでいるけど、ホームは日中は無人になるため、病気をした時には家に連れて帰る。通院はヘルパーさんと一緒に、親が運転してつれて行く。リハビリへの通院も、制度上ヘルパーはつけられないと言われていて、親がつれて行っている。でも、親がいない人の場合には職員がつれて行っているんだから、親がいてもそうしてくれればいいのに、と思う。ＧＨの入居者も高齢化していて、一人は90代。その人は認知症気味。ほかの人も40代、50代くらい。

施設入所の登録はしているけど、本人がＧＨの生活も家に帰ってくるのも両方楽しんでいるから、父親（心臓に病気がある）がいる間はＧＨでいきたい。ただ、気管切開をすることになったらＧＨは出るしかない。２時間ごとの吸引なんて家ではできないから、施設になるのも仕方がないと思っている。

●42歳の娘がＧＨに入っているが、医療的ケアが必要になったら出なければならない。週に２～３回通っていっている。夜勤の職員の手が足りない時には「泊まってください」と言われるので、泊ってオシッコのバッグを替えたり、着替えさせたりしている。

●人手が足りないから、ＧＨの女性の介護に男性職員が入るしかない。でも歯磨きと食事介助くらいしかできないから、そのぶん女性職員の負担が増えて、女性職員がよく辞めていく。人もよく替わる。

●娘がお世話になっているＧＨでは、職員が足りないため、この４月から強制的に月に４回、週末は帰省しなければならないことになった。親の事情や都合で週末にも見てもらいたい時には１日につき１万円。先日も母親が脳梗塞で入院した事例があったけど、その人も入院中の週末のケアには１日１万円を払った。親も本人たちも高齢化しているのに、このままいったらどうなるのかと思う。

●夫婦とも80代だが、週末はＧＨから息子を帰省させている。病を抱えている夫が倒れて、例えば救急車を呼ぶことになった時に、子どもが帰省していたらどうすればいいのか。20年前だったら近所に頼むこともできた。実際に当時は夫が倒れた時は近所が助けてくれたし、息子が利用しているＧＨからも救急車が出発する前に職員が来てくれて助かった。でも今は、頼めそうな近所の人はもう老いているし、近所には空き家や更地が増えていく一方。

●この前、同法人の複数のＧＨで暮らす仲間の入院が３人も重なったことがあった。付き添いはどの人も高齢のお母さん。以前は入院中でも朝９時からは職員がケアに入ってくれていたし、夜のケアも母親と交替でしてくれていたけど、今は人がいない。

重度知的 and/or 発達障害のある子どもがＧＨで暮らしている人の語りから

●子どもがお世話になっている法人にはＧＨが5か所あって、重症者も医療的ケアの人も入っているが、人手不足が深刻。「ＧＨはほんと職員がよく替わるんですよ」。

●ＧＨに入ってからコミュニケーションがうまくできないことがあって、最近になってパニックが始まった。家族だったら何を言っているかがわかるけど、職員には本人の言葉が伝わらないことがある。ただ、前後の流れから本人の言いたいことを分かってもらえるように変わってきてはいる。

●息子のＧＨは週末の帰省はしてもしなくてもいい。本人は1泊だけがいいみたい。刺身などＧＨでは食べられないものを食べたら、もう満足して帰る、みたいな感じ。ＧＨの自室に入るとホッとしている。

●この地域では知的障害者の医療には困らないが、それぞれに対応が違うので、受診科と受診内容によっては、遠方の病院まで親がつれて行ってきた。てんかんの治療は専門性の高い遠方の病院へかかっているので、親がＧＨから連れて帰って病院へつれていくのがそろそろ負担になってきている。できればＧＨの近くの病院に移りたいが、引き受けてくれるところが見つからない。

●入院は付き添いがなければさせてもらえない。

●座談会形式のインタビューで

「作業所、ＧＨ、家庭のすべてで、いつまで経っても母のみがキーパーソンという状態だよね」。

「うちは水中毒のために、飲んだ水の量を記録しておくことが大事なんだけど、ＧＨの職員にいつも『カバンの中を見てね』と言っているのに、見てくれないから『〈みんなで見ている〉は〈見ていない〉のと一緒ね』と、この前も職員に言ったんだよね」。

「ＧＨのケアって、親から見ればやっぱり十分じゃないと思う。親をアテにして成り立っている。でも、親だって高齢化が進んでいる。息子のＧＨでは、10人の母親のうち二人はもう亡くなって、一人は透析中。本人たちの高齢化、重度化も進んでいて、６年前は車いすの人が一人だったのに、今は３人になっている」。

「この先どうなるのかなぁ……」。

あるＧＨの幹部職員の語りから

●親の高齢化は深刻。本人の最高齢が64歳で、親の最高齢は90くらいかな。だんだん親が来なくなる。車の運転ができなくなるあたりを境目に、足が遠のいていく。たまにでいいから様子を知らせてほしいと言われるので、写真を撮って知らせたり、親子の間をつなぐのが自分たちの役割。

●医療については、特定の病院に年１回の仲間の健康診断をお願いしている。入院も受けてもらってきたけど、最近、夜間に行ったら断られて別の病院へ行ったことがあった。

前に肺炎で入院した人が手術を受けなければならなくなった際、医療同意をどうするか対応が難しかったことがあった。この人は手術後に意識がはっきりしてきたら点滴を自己抜管したり治療拒否もあったので、主治医から治療拒否するなら退院してくれと言われ、結局ヘルパーをつけて重度訪問介護で対応した。

●GHの玄関の鍵は、最初はかけていなかった。「飛び出しがあって事故に遭ったり、万が一のことがあった時に責任をとれるの？　親も職員もつらいでしょ」と保護者から言われて、悔しかったが仕方なく鍵をつけた。でも、これが当たり前じゃないということは、常に意識しておきたい。

●昔、同じ法人のヘルパーステーションで働いていた頃に出会った時には子どもだった人たちが、今は作業所に来ている。親も我が子をもう大人として見る必要があるんじゃないかなぁ、と思う。

●最近は株式会社のGHがたくさんできているので、自分たちも地域に実数としてどれくらいあるのか把握できていない。そういうところの職員と研修で一緒になることがあるが、なかなか研修を受ける機会がないと言っていた。障害福祉というのは、思いも理念もなく、ただ資格と研修だけでやるべき仕事なのか、と疑問がある。

一方、子どもが入所施設で暮らしている人では、障害種別を問わず施設での暮らしでは動きが少なく生活が単調になりやすいこと、外出の機会が少ないことが親の気がかりとなっており、親が自助努力によってそこを補っている生活ぶりが窺われた。

重度重複障害のある子どもが施設で暮らしている人の語りから

●施設入所の順番が回ってきた時には、まだ5年くらいは頑張れますと一旦は返事をしたのだけど、実際には私は腰と首を痛めていたし、夫の方も腰と肩を痛めていた。夫が医師から重いものは持たないように言われて、それまで二人がかりで娘を抱えてきたのができなくなったし、あとになって入れてくださいと言っても、その時に入れる保証はないし。親仲間の一人のお父さんが癌になって、お母さんはお父さんの付き添いにつかないといけないし、でも家にはこういう子がいるし……と困っているのを見ていたことも決断の後押しになった。でも、決断するまでは迷って迷って、食べられないし眠れないし、4キロやせた。

●脳性まひの二人の子どもが、この春にできた入所施設に入った。母親は70歳。

重度の人もきちんと仲間として大事にされている通所施設で、我が子も表現活動を通して「仕事」をし、通所で満足していた。その生活が愛おしく、入所だと不自由じゃないかという懸念もあって、今は困っていないから……と思っているうちに親の体力が落ちて、二人の介護でいっぱいいっぱいになった。子ども二人が重度化したこともあり、「やはり無理していたのではないかな。無理だと考えると辛くなるから意識しないようにして頑張り続けていたような気がする」。

通所の頃に比べると入所での日中の「仕事」が少し物足りない気がするけど、まだ施設ができて半年なので様子を見てみようと思っている。施設の中では身体を動かさないから、外出とか散歩に行けたらいいなと思う。要所要所のドアに鍵がかけてあることも気になるけど、職員が足りていない事情などを考えると仕方がないのかもしれない。

（この人の語りには何度も「入所できているのにこんなことを言うのは贅沢なのかもしれないけど」という前置きが挟まれた。長年一緒に運動してきた親仲間が老いて在宅生活に疲弊し、入所を切望しながらも待機者のあまりの多さに入れずにいる実態、この先もう入所施設ができるとも思えない現状の厳しさを前に、70歳になるまで障害のある子どもを二人も介護してきて、ようやく手放すことができた人が、そんなことを前置きしないでいられないことが切なかった）

●職員の人数は基準を満たしているが、それでも手が足りない状況。腰痛等がたくさん出ている。施設内での介助で手いっぱいで、外出はない。

●夫が退職してから、週に一度息子を散歩に連れ出している。

●40年間在宅でやって、３年半前に施設に入所。娘は施設の日中活動を楽しんでいる。月に８回の日中活動が目標にされているが、人手不足が深刻で月に６回、どうかすると３回か４回の時もあった。年に２回の外出では二人の入所者に看護師と支援職がついて、本人たちの希望のところへ出かけてくれる。入所施設に入ってからも月に2回は親が連れて、前に行っていた通所に遊びに出かけている。

●自分が60歳になった今でも「お金があったら、シングルマザーでもサービスを使いながら昼間は作業所に通わせて、この家で一緒に住めていたのかなぁ」と考えることがある。「どうにかして家でみてやれたんじゃないか」ということは、娘が施設に入ってからの30年間ずっと考えてきた。一方で、「夜まったく寝かせてくれないから、仕事には行けなくなるよなぁ……」と現実を考える。

●入所施設の限界みたいなものはあると思う。健康とか生活の基本の部分では託せるけど、それ以上の生活の彩り、豊かさといった部分は親が補わざるを得ない。資源が限られているのも見ているから、決して職員が手を抜いているというわけでもないんだけど、親がいなかったり、いてもそこまでできない家庭も増えてきて、自分たち夫婦にもいつ何があるか分からないし、この先はここで暮らす人たちの生活はしぼんでいくばかりなんだろうか、という不安がある。

都市部のある重症児者施設の関係者の語りから

●当市にはショートステイが圧倒的に不足していた。重症児者が市内に800人以上いる。GHでどこまで見られるか。医療がない。特に夜間の医療がない。それなら、地域生活の大切さがわかる入所施設を作ろうと思った。

●何をもって「地域」と呼ぶかが問題。ずっと昔に通所を作る時に地域で反対運動が起こったのが幸いだったと思っている。何度も何度も説明をして、だんだんと理解してくれる人、ボランティアなど協力してくれる人と出会うことができた。そうやって作ってきた地域の人とのつながりが事業所の財産。地域の行事に出たり、近所の人がふらっと遊びに来てくれたり、そうして町の人と積み重ねてきた実践こそが「地域」だと思っている。

地方のある重症児者施設（入所・母子入園・ショートステイ含め60床）幹部職員の語りから

●5年くらい前から職員はずっと二〜三人欠員状態が続いている。看護職も支援職も募集しても誰も来ない。今は就活フェアに参加しても、高齢者福祉のブースに行く人はいても障害者福祉のブースには人が来てくれない。社会福祉関係の学校を卒業した人たちも、相談支援専門員になりたいという人ばかりで、現場を希望する人がいない。やっと来てくれた人も慣れた頃になると結婚や出産で辞めていくので、ベテラン職員がいなくなって困っている。

●入所の待機は現在40人ちょっと。ショートステイの希望はたくさんあるが、人手不足でやっているので入所の人をみるので手一杯。それでも週末は必ず三〜四人のショートステイを受けている。平日ならまだ余裕はあるが、希望はどうしても週末に集中する。最近はお風呂に入れてもらいたいという希望での平日のショートステイ利用も増えてきてはいる。ショートステイの収益でパート職員を入れてもらっている。

●入所者の多くが学齢児だった頃には週末には入所の子どもたちが帰省していたので、その余裕部分でショートステイを受けることができていたけど、親の高齢化で入所の人たちが帰省できなくなっているので、今は週末にも空きがない。ショートステイの予約は2か月前から受け付け、医療療育センター内の肢体不自由児施設と重症児者施設の間で調整する。早い者勝ちというところもあるが、うちは困っている人を優先する。どうしても受けられない時には、同法人の別施設に問い合わせをして調整する。

●前に、入所していた人が在宅生活に移行したところ、お母さんが病気になって、お父さんだけでは見られないということでショートステイで来た人があった。ずっとはいられないのでうちを出た後、別法人の入所施設に1年以上の〝ロング・ショートステイ〟になっていた。ショートステイだから制度上、日中活動や外出など他のみんなと同じようにできないことも多くて「辛い」と言っていた。その後、その施設に空きが出たので入所することができたと聞いている。ショートステイでも学校には行けるようになったが、保育や日中活動への参加もできる制度になればいいのに、と思う。

●ショートステイでは、呼吸リハを受けたら楽になるのに、と思うような人が来る。児童発達支援や放課後デイにもPT（理学療法士）とかOT（作業療法士）はいるのに、重症児者施設ほどにはノウハウが蓄積されていないのかもしれない。ここでは本人を見たら、してあげられることが分かる。本人が苦しそうだしスタッフも何とかしてあげたいと思うから、本当はやってはいけないことなんだけど、外来で診たことにして医師やセラピストに診てもらったこともある。呼吸とか身体の捻じれだとか、医療が入れば楽になることもあるから。

●先が読めない、予測がつかない不安がある。人が足りない中で一生懸命にやりくりしているのに、国は働き方改革で次々にいろんな要求をしてくるから、それをこなすために、本来の仕事に関係ないところで振り回されて、いっぱいいっぱいになる。しかも、現場の事情とはお構いなしに、数字だけで評価される。

重度知的 and/or 発達障害がある子どもが施設で暮らしている人の語りから

●自閉症で強度行動障害のある52歳の息子は、身体は丈夫だが言葉がない。何かを訴える時には、親や入所施設の職員の手を引っ張りに来る。その引き方で親には何を訴えているか分かるが、新しい職員は意味が分からないので、うるさそうに手を払いのけてしまう。思いが伝わらないと分かると、息子は壁や柱に頭を打ち付けるので、月に2回の帰省日に「おでこのたんこぶ」の大きさや傷の様子から、親は担当職員が替わったことに気づく。それでも親は施設に行くと「入り口で頬を笑顔に変えて、中に入る」。

●座談会形式のインタビューで

「通所の時には通院、スポーツ練習や試合などの理由で39時間の移動支援を支給してもらっていたんだけど、入所になってからも買い物や通院を理由に13時間出してもらっている」。

「あ、そうか、移動支援は市の裁量で出せるんだね」。

「そう、そう。行動援護は国の制度だけど、移動支援は市だから、その分、市によって格差も大きいのよ」。

「でも、○○さんがそうやって帰省時に移動支援を使えているってことは、一歩前進だね」。

「そうはいっても、入所施設の活動と切り離したところでむやみにヘルパーと外出しても本人が混乱するから、本当は入所施設の活動で外出の体制ができるといいと思うんだけどね」。


前述のように、インタビューをさせてもらった中には、それぞれの地域で職員と一緒になって独自の高い理念を実現する施設づくり、GHづくりに奮闘してきた人たちが含まれている。その人たちの口から何度か「こんなはずじゃなかった」という思いが語られた。そんな人たちの声を最後に紹介したい。

「こんなはずじゃなかった」

●娘が通所している事業所にGHができた時に、二つ目、三つ目とできていくと思っていたし、自分も作る過程に関わっていたので、「何かあればそこのGHに」と考えていたのだけど、状況は厳しくてGHが増えていかないので、どうしようかと思っている。
一人親家庭なので、ここ数年とても不安になってきた。なにかあったら、お世話になっている事業所に相談して、そこが「もう見られません。遠くで」と言うなら、言われるように遠くの施設に入れるしかないと思っているけど、決して本音ではない。親も子も「もうダメ」となってからの分離ではなく、その少し手前の、それぞれまだ元気な時に、とは思うのだけど……。

●私たちは、親も職員も勉強して一緒に闘ってきた世代だけど、今の若い人たちは難しい。ちゃんと次の世代につなげてほしいと言い続けてきたけど、行政と若い人の板ばさみになって中堅クラスの職員が崩れていく。

●すでに高齢化している〝第一世代〟の親たちは、自分たちも事業所と一緒に頑張ってきたし、この先も事業所がどうにかしてくれると疑うことなく、我が子にもこの先GHとか一人暮らしなどを考えているみたいだけど、自分（61）たち一つ下の世代から見ると、人手不足が深刻で、もう無理だと思う。

●娘が20歳で施設に入所した時には、家族から離れて自立するんだと考えていたので悩まなかった。養護学校の先生たちと運動を立ち上げたり、運動を通じていろんな素敵な人と出会えて、今まで良い施設を作ろうとみんなで一生懸命にやってきた。だから、この前までは「娘は入所施設で、私は私の人生を」と思えていたのに、今はそう思えなくなった。

入所者みんなの高齢化、重度化をひしひしと感じている。医療を必要とする人が増えているし、入院する人への対応にも手を割かれている。この前、副施設長が最重度の人に「今日はお母さんが来るから、少しオシャレしよう」と言っていて、感激した。命を護ることは大切だけど、それだけが大きくなると大事なことを見失われていかないか心配。専門性のある職種、看護師さんたちと、そこをどう形作っていくかが本人たちの重度化で問われている。

この前までは職員に委ねられると思い込んでいた。でも今は実態と制度の乖離が大きすぎる。政治を動かしていくために運動しないと。……と語るこの人は73歳。

●「箱の施設に入って、意思が伝えにくい人たちに個々の思いに沿ったケアができるのか」と疑問を持ち、早くから運動を始めて、資金作りや遊びの活動を続けてきた。理念のしっかりした法人と長年協力して信頼関係を築き、重度の人も入れるGHを一緒に作ってきた。重度重複障害のある娘はそのGHの一つで暮らしながら同じ法人の日中活動センターに通っているが、娘が44歳、自分が66歳になった今、人手不足が深刻で、GHの経営は危機に直面している。

今、月曜日から木曜日の午後3時半から翌朝9時半まで、娘が暮らしているのとは別のGHなどにヘルパーとして入っている。他にも、一緒にGHを作ってきた〝第一世代〟の母親仲間のうち3人がヘルパーで入っている。

日中は親の会の活動をしているので慢性的な睡眠不足。糖尿病があって通院している他は健康だけど、このままヘルパーを続けていたら潰れるんじゃないかという気もして、そろそろゆっくりしたいなぁ、と思うこともある。

娘は時々風邪をひくくらいで健康だけど、最近は身体機能がだんだんと低下し、歩行や嚥下が困難になってきている。何度か入院もしている。以前だったら職員が朝9時からケアに入って、退院後にすぐに普通の生活に戻れるようにケアしてくれたし、夜のケアも母親と交替してくれていたけど、今は入院時意思疎通支援制度はできても、そこに割ける人がいない。それどころか、母親が付き添っていたら「付き添いをお父さんに替わってもらって、お母さんはヘルパーで来てくれないか」と言われた。それくらい人手不足が深刻。

GHで親亡き後まで託せるのか。親が声をあげないと子どもの命が守れない時代に入っている、と感じている。

「母親が助けを求めにくいのは何故だと思いますか」という質問に答えて、「地域に支援がない実情が分かっているから、最初から遠慮やあきらめ感があると思う。『障害のある子どもは親が面倒を見るもの』という考えが世の中にも行政にもある」と指摘した人があった。その社会通念は、私たちが母性神話を内面化して助けを求める声をあげられなかった育児期から現在に至るまで、行政と専門職を含め社会全般に根深く、子どもがいくつになっても母親による我が子の介護は「育児」のイメージに取り込まれたまま当たり前視されてしまう。まるで障害のある子どもをもつ母親たちは育児期に留まって、老いない・病まない・衰えないと、みんなで思い込んでいるかのように。

そして私たち母親もまた今なお、その社会通念をさらに根深く内面化しているのかもしれない。最近ある人が「私はこの子を42年ずっと育ててきました」という言い方をすることに仰天した。その人の子はとっくに成人し、その人がやっていることは介護なのに、母親自身が育児イメージのまま「母親だからやって当たり前」という通念を規範として内面化してしまっている。インタビューでも、「自分がケアできなくなった時のお子さんの生活に不安は？」という問いに、すでに70代後半の人たちが「私がボケずに元気でいる限り大丈夫」と即答することに、何度か驚かされた。まるで母親自身が、自分は老いない・病まない・衰えないと思い込んでいるかのように。

こうした社会規範に乗っかって、日本の障害者福祉において母親による介護は含み資産とされてきた。それは今もまったく変わっていない。

私が32年前に真夜中の病室で「この子は将来どうなるんじゃろうか。……私ら親が死んだ後は、どうなるんじゃろうか」とつぶやいた時、親切な看護師さんは「国がどうにかしてくれるよ。放っておくということはないから大丈夫よ」と答えたが、その国はいま「ノーマライゼーション」「地域移行」「共生社会」の美名のもとに、地域の実態を無視して施設削減を進めていく。無視してはいない、と国は言うのだろう。地方自治体がそれぞれに地域の実情を把握したうえでサービスの必要量を弾き出し、障害福祉計画を策定することになっている、と言うのだろう。けれど、同時に国からは障害者福祉計画の入所施設定員削減目標が提示されて、地方自治体を縛っている。それは本章冒頭での引用の通りだ。この縛りは、自治体の姿勢によっては、地域のニーズを把握していながら対応しないための口実にだってできるだろう。そして、地域では在宅生活でもＧＨでも、むしろ親依存の度合いが深まっているのは、上記の多くの語りが浮き彫りにしているとおりだ。

それでも、ＮＨＫのアンケートで４人に一人の家族が自殺や心中を考えたことがあり、その半数が病院や施設の整備を望んでいる、という結果に対しても、国は「今後も本人の意思を尊重して地域移行を進めていく」と回答する。その「地域」で生身の人間の限界を超えた老障介護を強いられている親の苦衷《くちゅう》など、意にも介さないと言うのだろうか。所詮は〝一時しのぎ〟に過ぎないショートステイすら圧倒的に不足しているというのに、「本人の意思尊重」「地域移行」の名のもとに、資源なき地域へ、既に老いた家族のもとへと、これからも介護を押し戻していくということなのだろうか。けれど、二人暮らしの父親に急死された58歳の吉田正美さんが入院するほど体調を悪化させながら66回もショートステイを転々としている間、国も地方自治体も「どうにかして」はくれなかった。「本人の意思を尊重」することもなかった。

第3部

これからのこと

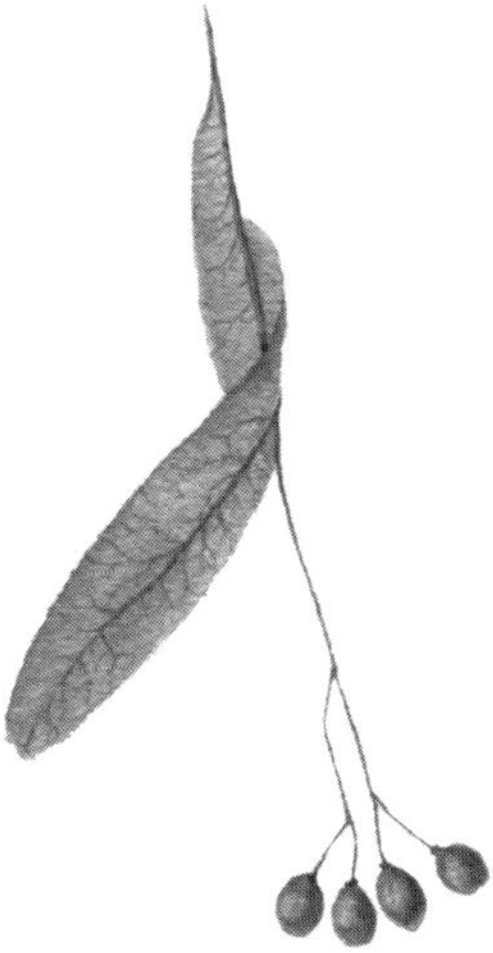

第1章　我が子との別れを見つめる

私たち重い障害のある子どもをもつ母親には、身近に見知っている障害のある子どもはみんな「うちらの子」……という独特の感じがある。そして、その感じがひときわ強く意識されるのは、その誰かが死んだ時だ。私の身近な「うちらの子」たちは多くが重症児だったから、10歳を過ぎたあたりから次々に死んでいった。誰かが死ぬたびに、あぁ、うちらの子がまた一人死んだ。うちらの子がこうして一人ずつ死んでいく……と、しみじみと悲しい。しんしんと寂しい。我が子を失ったお母さんの悲嘆を思うと、ひりひりと辛い。でも同時に「よかったね……」と心の中で語りかけている。その「よかったね」には、微妙な気持ちがいろいろ混在している。

重症児者といわれる人たちは、生まれてからの年月の間に嫌というほど痛い目に遭い、苦しい思いをしてきているから、本人に対して「もう痛いことも苦しいこともなくなったね。楽になったね」という思いがある。海は何度も死にかけたから、そのたびに親は助かって良かったと深く安堵すると同時に、またも死ぬほどの苦しみを散々味わって、やっとの思いで生きてしまったのか、そしたら、この子は少なくとももう一度あんな壮絶な苦しみを体験しなければならなくなった……とかわいそうでならない。だから、死んだ子に対して「よかったね、今度こそ苦しいのは終わったね」というのがある。完結したから言えることだ。完結したものは不変で、未知なこととは無縁なところで安定している。だから安心して「短いけれどたくさん愛されたね。いい人生だったね。よかったね」と言ってあげることができる。もうこの子はなにものにも脅かされることがない。

そして、お母さんにも「よかったね。終わったね」というのはある。「もう介護に心身をすり減らす日々が終わったね。よかったね。お疲れ様」というのは正直、ある。老いのために海の帰省の負担が心身に堪《こた》え始めてからは、肩の荷を降ろせた人はうらやましい。「自分が死ぬことも、もう怖くなくなったね。よかったね」というのもある。もし海が先だったら、海に会いに行けるのだから自分の死はもう怖くなくなる。もし私が先だったら、私は空の上から文字通り全霊でもって海を見守る。誰かが海に酷いことをしようものなら、全霊でもって報復する。絶対に許さない。そして、それでもどうにも見ていられない事態になったら、私はこの子を迎えに来る――。そう、心に決めている。だから、その二つの「もし」のうち、自分が死んだ時に我が子に会いに行ける形で収まった人は、とてもうらやましい。それは「もう重い障害のある子を残して死んでいく心配をしなくてよくなったね。よかったね」ということなのだろう。

もちろん、これらの思いがあることは、決して我が子に早く死んでほしいと願っているということではない。親子３人の死がどの順番でやってくるのだろう……と考える時に、海が一番先であれば、と願うのは事実だ。けれど、それは常に「いつか」であって、「今」ではなかった。今すぐに海を失うことを想像すると、とても耐えられない、きっと正気ではいられない、と思う。「いつか、私たち親が死ぬ前に……」というのが、この子が幼い頃からずっと心にあった憧れのような願いだった。自分の老いを感じ始めて以来、その願いの「私たち親が死ぬ」の部分がどんどんリアルになってくることに、困惑している。……と言えば、いま私が感じているありのままに近いだろうか。


「娘は生まれた時には7日しか生きられないと言われていたので、今か今晩か明日の朝に亡くなるのかと思いながらの子育てで、こんなに長生きするとは思っていなかった」。

「息子がこんな年まで生きるなんて思ってもいなかった。キリスト教に入信したのも、次男が通っていた保育園がキリスト教系だったから、長男の葬式をどこでやればいいかと思って教会に行ったのがきっかけだった。そんなふうに、看取る覚悟はしてきたけど、こんなに長く生きるとは思わなかった」。

「若くて体力に自信があった頃には、いろんなところで『親亡き後』についての論議を聞いても、娘は重症だし、見送るのは母の私の方だから自分には関係ないと勝手に思っていた。でも介護力低下を感じる今、それはとても不遜な考えだったと思い知らされている」。

　そう語るのは、いずれも重症者の子をもつ人だ。まさか、我が子がこんな年齢まで生きて、自分が老いた身でこの子の介護をする日がくるなんて、命の心配に明け暮れていた若い頃には想像もできなかった。我が子も重度重症化し、自分も老いて病や故障を抱えている。夫も老いて病んだり衰えたり亡くなって、そんな日が現実になってしまっていることに、当惑がある。当惑しながら、かつて葬式をどこでやろうかと教会に行った人は「いつお別れがあってもいいように、あちこちに出かけて思い出作りをしている」という。

ある人は「私の方が先に逝ったら、絶対にすぐそばで見守る。息子のそばにいて、いいように生きていけるよう見守りたい」と言う。「報復する」とまでは考えないところが私との人柄の違いだろう。「できたら子どもを看取ってから死にたいけど、そうかといって、まさか死ぬのを早めるわけにもいかないけどね。でも、それさえなかったら自分はもういつ死んでもいい」。この人はそこでついと口をつぐみ、自分の言葉が掻き立てた物思いに耳を澄ますかのように、ちょっと黙った。それから、ぼそっとつぶやいた「いつかは、別れにゃいけんよね……」。

高齢期を迎えた母親たちは今、避けがたいリアルとして「我が子との別れ」を見つめようとしている。

私たち重症者の親が「我が子との別れ」を見つめようとする時、そこには悩ましい難題が待ち受けている。やがて迫られる医療をめぐる選択と決断の問題だ。

「これから」の医療をめぐる重症者の親の語りから

●養護学校で息子と一緒だった子が27歳で死んだ時に、次はうちの子だと言った人がいて「分かってる」と答えたけど、息子はそれから何年も生きている。「1秒でも先に見送りたい。でも、これから、もっと悪くなるんだろうなぁ。気管切開は、ねぇ……。しないといけないなら、せにゃいけんだろうけど、その後はずっと天井を見て暮らすことになるんだろうか。胃ろうの決断の時もお父さんは逃げたけど、また私が一人で決断するんかい。今度はお父さんに決めさせてやろう。どう言うんだろう。きっと『もう、（気管切開はやらなくて）いいよ』と言うんじゃないかな」。

●以前、通所で一緒の人が悪くなった時に気管切開して呼吸器をつけ、〝生きてしまった〟。ずっと生きなければならなくなった。最初の病院から他の病院へ移って、入所施設にいたこともあったり、転々としていた。呼吸器をつけたらそうなるのか、何かあった時にどうするかは本人が元気なうちにしか決めることができないから、考えておかないと、と思った。

●とても重度で意思表示が難しい娘にとって、意思表示できるのは食べておいしい時の舌鼓だけ。人工呼吸器になって胃ろうになったら、その意思表示すらなくなってしまう。それなら、付けない選択をするかな。まさか、こんなことを考える日が来るなんて思わなかった。

●呼吸器については、その時の状態によると思う。つけても自分の意思表示ができるのであれば「つけてください」と言うと思うけど、その状態で病院で半年、1年と過ごすことになるんだったら、どういう判断をするか……。でも、そういうタイミングで「つけないでください」とも言えないような気がするし、ついたら「外してください」とも言えない気がする。

●酸素のアラームを持っているけど夜中はつけていない。朝起きて息をしていなかったら、それはそれでと思っている。自分の目の前で苦しんでいる姿を見るのは苦しいだろうと思うけど、自分が見ていない時だったら、あの世で会えればいいね、と思う。

●同じ法人の利用者の中には癌の人もいる。どうするかは本人の年齢にもよるけど、無駄な手術などはしたくない。今まで十分に苦しんだので、楽にしてあげたいと思っている。

●定期的に腎臓の検査をしているけど、もうよくはならない。前の先生に「いずれ透析が必要になるが、じっとしていられないし、今は認知症の人が透析を希望してもしてもらえなかったりするから、この人にも透析はできない」と言われたことがあった。今の先生にその話をしたら、やはり同じようなことを言われた。「いずれ難しい決断をしなければならない時が来るかもしれないね。兄弟はいますか」と聞かれて、妹がいるという話をしたら「両親に何かあったら妹さんが意思決定することになるから、そういう話もしておいてくださいね」と言われた。

●親亡き後は、ただ命を長らえさせるだけの医療はやめて、安らかに人生を終わらせてやってほしいと強く希望している。本人や家族が苦しんでいても治療がどんどん進められて、亡くなるまで長く苦しい闘病が続くことを見てきた。死ぬに死ねない状態で、人としてそれでいいのか、と考える。気管切開、胃ろうは障害のある人の病気治療の規定コースのように進められてきたのではないか。障害者にもこれ以上の延命をしないという選択肢が欲しい。

　息子は延命された時間をいただき、人生の幸せをいただだいた。彼としては十分に生きたと思う。でも家族がいなくなったら生きがいがなくなり、闇の中を生きることになると思う。息子がどこかの施設で延々と重い医療を受けながら生きることを想像したら、たまらなく辛い。親はいつまでも子どもに生きていてほしいと願うけれど、80代になると考えが変わる。人生は長さよりも幸せ、質と思う。こうした弱い障害者には何よりも愛情が必要と思う。

　予想外の長生きで親亡き後が迫ってきた時に、施設は満杯でGHも人手不足、そんな状態を見ると、今の医療を続けていいのかと疑問が湧く。こんなにたくさんの医療的ケアの人が増え、親は人生を子どものために使い、心を残して逝く。今でも人手不足でGHも帰宅日数が増える。ショートステイすらとりにくくて、みんな本当に困っている。医療のあり方を根本的に変えなければ、今後どうなるのだろう。

　知的障害 and/or 発達障害のある人の親たちも我が子との別れを見つめようとしている。座談会形式で複数の人の話を聞かせてもらう時には、昔からの仲間同士の気の置けないやりとりが、思いもよらない興味深いところに展開していくことがあった。そんな母親仲間同士のやりとりを二つ紹介したい。

ある座談会での語りから

「子どもの幼児期に、あるお母さんが『子どもを連れて逝きたい』と言ったことがあったのね。私はその時、いったい何を言っているんだと怒りが湧いたんだけど、今の私は『棺桶の中に何を入れてほしいか』と聞かれたら、『何もいらないから、マコトだけ入れて』と答えているの（笑）」。

「それ、わかる。子どもを残して逝くのは本当に辛い。寝顔を見たら幸せそうで、そんな顔を見ながら、私がいなくなったらこの子はどうするだろう、私が外出したらいつもそうしているように階段のところでずっと待っているんだろうか……と考える。いつか施設に見学に行った時に玄関に座っている人がいて、職員が『待っているんですよ。誰も迎えには来ないんですけどね』と言っていた。そういうことを想像すると、ものすごく切ない」。

「親が亡くなっても息子は悲しいと思わない気がするのがせめてもの救い。でも、『死んでみないと弟が泣くかどうかは分からないのに』と娘からは笑われているんだけど（笑）」。

「そういうことは感性で分かるんじゃないかな。こういう子たちは私たちよりも本能的に鋭いんじゃない？」。

「それは、そうかも」。

「いま子どもを失うことを考えると生きていけないと思うんだけど、でも知り合いで子どもが亡くなったという話を聞くと、見送ってあげられてよかったね、と思う気持ちがある」。

「その子も、親に見送ってもらってよかったね、って思うよね」。

「でも、親は子どものことを分かっていると思っているけど、子どもの方は親だから却って気持ちを出せないでいることだって、あるんじゃない？」。

「確かに……。マコトの方は、なんで自分が親の棺桶に入らないといけないいんだと思っているかも（笑）」。

また、ある座談会での語りから

「親が死んだら、『なんで親が来ないいんだろう』と思うだろうから別れ方を考えているんだけど、知り合いに、息子に見送りをさせたいから家族以外は一切お断りという形で葬式をした人がいてね。息子一人のためだけの、その子がお母さんとお別れをするための葬式。家族だけの密葬で、お母さんの遺体を触らせて『ほら、もう冷たくなったな、バイバイな』とお別れをさせたんだって」。

「ああ、そういうの、いいね」。

「別の人のお母さんの葬式に行った時にも、お母さんの姪っ子に当たる人が知的障害のある息子を棺のところに連れていって『ありがとう言おうな』って語りかけてた。そしたら、大きな声で『ありがとう！』って……」。

「……」（私を含め、その場にいたみんな胸が詰まって、涙目になってしまった）。

「分からないから黙っておこうと隠すのは違うと思う」。

「うん。親が死んだことは、やっぱり分かるよね」。

「知らせないままで、親が来なくなるというのはキツい」。

「どうなっていくんかなぁ……」。

「『お母さんも死ぬんやで』と言うと娘は『分かってます』と答えるけど……」。

「聞いた話では『お母さんが死んだら僕はどうなるんですか』と聞かれた親もいる」。

「そのために家族会でもいろいろやってはくれているし、兄弟もそれぞれに考えてはくれているんだけど……」。


在宅の人たちが「これから」について語ろうとする時、具体的なところに話が向かおうとすると語尾が「……」と尻すぼみに消えていくことが多い。家族会も運動も親も兄弟も地域の事業所も支援者たちも、みんな精一杯やっている。それぞれに考えている。それでも、施設もＧＨもショートステイすら圧倒的に不足している現実を前に、「僕はどうなるんですか」への答えを見つけてやることができない。だから、親の思いはたどり着くところが見つからず、さまよう。考えないといけないのは分かっているのだけど……と。

今回のインタビューを始めた時には、重い障害のある我が子を亡くした人に話を聞くことができるとは考えていなかった。が、インタビューが進むにつれて協力してくださる方々に恵まれて、インタビューの終盤で思いがけずサワダさん（73歳）とクマザワさん（75歳）のお話を伺うことができた。

サワダさんは難病のヒロノリさんを21年前に26歳で亡くした。クマザワさんは双子の息子のうち、兄のタツオさんを１９８５年に17歳で、その5年後に弟のテルオさんを21歳で亡くした。二人は当時まだ日本では珍しかった重症児の通所から30年以上の付き合い。

サワダさんの語りから

３歳でムコ多糖症ハンター症候群だと分かった。扁桃腺が腫れてアデノイドを繰り返すので手術した時に、手術室から血まみれで出てきた姿を見て「私は絶対にこの子を守ろう」と心に決めた。その時に「15歳までしか生きらんないよ」と医師に言われても、信じられない思いだった。こんなに医療が発達しているのに、と思った。

地元の小学校に通いながら途中から食べたり歩いたりが難しくなって、中学校からは養護学校に進み、その頃から急に症状が出てきて重くなった。

「夏にビニールプールで遊ばせてやるでしょ？　そうすると、あ、この子、もう水を汲《く》めないんだ……と気づくんです。去年は柄杓《ひしゃく》で汲んで持ち上げることができていたのに、今年は腕の力が落ちてできなくなっている。進行性の難病だから、そういうのを見ているのが辛くてたまらなかった。でも泣いてしまうと、子どもが『お母さん、なんで泣くの？　ぼくのこと？』と聞いてくるので、それがまた辛かった」。

15歳で通所に紹介されて、その時に初めて障害児の世界に触れた。そんなには通えないだろうと思ったけど10年も通うことができた。病気が進行していく中で、ここ（の通所）に出会えてよかった。いよいよ命がたいへんな状態になった時、そんな子が来たら普通の事業所だったらリスクを考えて断ると思うけど、ヒロノリが過ごせるように職員が担架を手作りしてまで「来てください」と言ってくれた。亡くなる2、3年前には、みんなと一緒に地域の夏祭りに行けないヒロノリのために、職員が町内会と交渉しに行ってくれたことがあった。祭りの神輿が中まで入ってきて、地域の人たちがヒロノリのベッドの周りでワッショイワッショイしてくれた。その時に「来年もまた来るわ」と言って帰って、それが20年経った今に続き神輿が毎年来てくれる。

楽しいことが多かったから生きられたんだと思う。亡くなる直前に、温泉好きなヒロノリのために遠くの温泉まで夜中に車を走らせてお湯を取りに行ってくれた職員もいた。楽しいことがたくさんあって息子の人生は幸せだったと今は思える。「障害をもって生まれてくることを望む親はいないし、でも生まれてきたら引き受けるしかない」。

サワダさんはヒロノリさんが亡くなって21年経つ今でも、お弁当を持って息子が通っていた通所の親の会の陶芸活動に通っている。他にも子どもを亡くした人が二人通ってきているそうだ。「ヒロノリの遺産で、ここでこうして過ごさせてもらっています」。

クマザワさんの語りから

何度、息子たちを殺して自分も死のうと思ったことか分からない。引っ越してきて近所のことが何も分からない当初、二人を乳母車に乗せて米屋さんを探し、お医者さんを探して歩き回った。「その頃、お母さんが障害児を殺した事件に嘆願運動があって、それに対して障害者運動が批判の声をあげて、ということがあったのね。一人でも殺すんだったら、二人もいる私はどうするの、と思ったわ」。辛いことを飄々と語る口調に独特の味がある人だ。

夫が仕事から帰ると息子二人を両脇に抱えて風呂に入れてくれる。「その姿が安徳天皇の入水の場面と重なってねぇ」と笑う。「訪問学級の先生が来た時に『死のうと思うんだけど、家中が汚いから部屋をまず片付けてからにしようと思うんです』って言ったら、先生が部屋を見まわして『当分大丈夫ですね』って言うのよ」と、その先生の真似をして笑わせる。笑い、笑わせながら、ハンカチで涙をぬぐう。

タツオさんの方は、父親が食事介助をしている時の誤嚥で亡くなったそうだ。「夫は自分を責める気持ちが強くて、その苦しさを妻の私に当たり散らすことでぶつけてきた。それが苦しくて、つい『タツオを返せ』と言ってしまったことがあった。夫が泣きながら『返せるものなら返したい』って言い返して……」。こんな形で家の中に修羅を抱える親もいるのだと、その苦しさを想像すると胸がふさがった。

クマザワさんは息子たちの死後、ヘルパーになって障害児に関わり、現在は高齢者のヘルパーをしている。二人の子どもの経験が、今ヘルパーとして高齢者を世話するのに役立っているという。「ヘルパーをやっていて高齢者から『死にたい』と言われると、『はいはい。いつでもお供しますよ』と返すことにしているの」。でも、ショートステイに行く一人暮らしの高齢者を送り出したら、ショートステイ先から入院・手術となってそのまま亡くなったりする。見送ったまま会えなかったのが悲しい。昔なじみの重症者たちもそうだ。「この前、○○ちゃんが亡くなった時、もう辛くてならなかった。次々に亡くなっていくのが辛い」。

そんなクマザワさんにサワダさんは「クマちゃんの生き方はすごい。私はいつもクマちゃんを尊敬している」と言う。クマザワさんは「本当にいい人生だった。何があっても面白く生きようと思っていたの」と返した。

二人の間に長年の絆があってこその興味深いやりとりがあった。

「みんな、『親は子どもより先に死ねない』って言うけど、そんなことは私は考えない。『でもこの子は何も言えないのよ。何も分からないのよ』と言う人がいるけど、じゃぁ私とかタツオとかテルオは不幸なの？　そんなことはない。子どもたちが亡くなった後でGHの非常勤職員になった時に、お母さんの一人が『置いて逝けない』って言うから、わたし『サキちゃんは立派に自立しているからお母さんは逝って、安心して成仏してください』って言ってやったの」。

「『置いて逝けない』というのは、みんな言うんだよ。それも真実なの。クマちゃんはヘルパーを一生懸命にやっているから、そういうのを聞くと怒るのよ。それも真実。でもクマちゃんのように一生懸命じゃない人だっていっぱいいるのをみんな見ているから、みんなの思いだって真実なんだよ」。


20年以上経っても我が子を失った親の悲しみはこんなにも深い。それでも、いま我が子をケアしている親は「子どもを見送ってから逝きたい」と願い、お別れを終えた子にも親にも「よかったね」と、心の中でねぎらいと多少の羨みの入り混じった言葉を送る。

我が子二人を殺して死のうと何度思ったことか分からない、夫が風呂に入れる姿すら入水に見えた体験をもつクマザワさんが、子どもを見送ったあとヘルパーになれば「子を残して逝けない」と言う親に腹を立てる——。

我が子との別れを振り返る親の思いも、これから来る我が子との別れを見つめようとする親の思いも、それぞれに陰影が深く、矛盾に満ちている。サワダさんが言うように、それらは矛盾したまま「どれも真実」なのだと思う。

第2章　見通せない先にまどう

インタビューでは、「これから老いに向かうご自身の生活について心配なことは何ですか」それから「ご自身がケアを担えなくなった時の子どもさんの生活について、心配なことは何ですか」と2つの問いを用意していたのだけれど、前者はほとんど用をなさなかった。自身の「これから」について語られた内容は、ほとんどすべてが後者の質問の答えだったからだ。

例えば「自分の先への不安は、ボケること。我が子が分からなくなったらいけないからね」「3歳年下の知人女性がよく転ぶようになって、診てもらったら脳腫瘍ができていた。そういう話を聞くと怖いね」。これらは、母親「自身の生活」への不安ではなく、そうなった時の「我が子の生活」を案じて「怖い」という言葉になったものだ。「最近とみに物忘れが激しく、気持ちがへこむことが増えてきているので、自分の認知機能が衰えて、この子のことができなくなったらどうしようと心配」と言う人のように。

「子の将来のこととか行き場が決まらないと、私自身のことどころじゃない。一緒に住めるような制度や場所があったらいいけど、私の世代では間に合わないから無理」また「元気だけど足腰が弱くなって老人ホームに入った親仲間もいる。子どものGHの近くだから、外出ヘルパーさんが面会につれて来てくれる。ああいうのもありかなぁ。同じ敷地が理想だけど、現実にはそれどころか入所もGHも増えないので、まだまだ自分のことどころじゃない」。これら2つの語りでは、少なくとも自分の将来の暮らし方への夢が語られている。同時に、地域資源の現状から、そんなことは実現不能なことは分かっている。それゆえに「自分のことどころじゃない」という言葉になる。

おそらく、これが私の問いに対する、多くの人たちの答えなのだと思う。我が子の今の生活は、自分が支えてかろうじて成り立っている。その生活は、自分がこれからさらに老いて急な異変でもあれば一変するから、それが「怖い」。それでも、その現状を変えられる方策はどこにも見当たらない。見当たらないまま自分も我が子もさらに老いに向かっている。それは、とりわけ在宅の親には我が子の生活が破綻する危機が迫っているということだから、不安どころか焦燥まであって「自分のことどころじゃない」のだ。

では、後者の質問への答えはどうだったのか。前者の「自身の生活への心配は？」への答えが「自分のことどころじゃない」だったとすれば、「自分がケアを担えなくなった時の我が子の生活についての心配は？」への多くの人の答えは「考えられない」だった。実に多くの人が「考えられない」と口にした。それらの「考えられない」には、まず「今」の厳しさが透けて見えるし、「これから」に向けての悩ましいもの思いが滲んでいた。

●答えるべきところに思いをはせるのが難しい。今を生きるのに精いっぱい。将来のことはよう考えられない。

●今はまだ介護すべき老親がいるので、まず親を見送ってから娘のことや自分のことを考えたい。娘は大きな病気もあるし、あまりに重度だからGHは難しいと思っているけど、娘自身がいつどうなるか分からない。考えられない。

●息子（重度重複障害）がこんなに長く生きるとは思っていなかった。夫に何かあれば自分ができると思うけど、自分に何かあったら夫にはできないケアもあるので、入所施設を希望している。でも夫には息子を手放したくない思いもあるし、入所できるところがあっても遠くの施設になるのは悲しい。親が元気なうちは考えていない。自分が見られなくなったら、そこから考えるのでいい。今は考えられない。

●目の前にならないと考えられない。夫婦の片方が元気なうちは、そっちがやるしかない。

●本人が高齢になった時のことまで親が考えることではないと思う。そこまで考えられない。

●親亡き後なんて、いったいどうなるんだろう。想像もつかない。

●考えないといけないんだろうけど、考えようがない。いま夫婦二人でやっていることを誰がやってくれるのか。（強度行動障害があるため）施設は無理だから、いざという時には入院になるのか。でもそうなると監禁されたり薬で抑制されたりするから、それは望まない。夫は対等の責任を担ってくれている。私がやりたいこと、私が頑張っていることを一番理解し、今の状態を良いことも悪いことも、全部分かっているのは夫だけ。そうやって二人で頑張ってきた。そういうことは他人には伝えきれない。夫婦二人にしか分からないことがある。それくらいに息子の介護の問題は深刻過ぎる。二人が元気でどこまでやれるか。二人が元気でいさえすればどうにかなる、かな。

しかし、「二人が元気でいさえすれば」と言うこの人は、長年の過酷な介護で手足に変形をきたして常時の痛みがあり、硬い野菜を切る際にはヘルパーに頼むほどだ。すでに今の状態で二人とも「元気ではない」と私には思えるのだけれど、前述のように70代の人が「私がボケずに元気でいる限り大丈夫」と考えるなど、インタビューで同じような言葉に面食らう場面は他にも何回かあった。

そんなふうに、母親たちが「これから」について語る言葉は矛盾に満ちていた。

例えば、「息子が通所に行っているところの所長さんが、何とかなるよと言ってくれている」と安心材料を口にした直後に、「実際に助けてくれるとは限らないけど……」と付け加えないでいられない人。インタビュー前半では自分の子どもにGHは無理だと言って、その事情を詳しく語っていた人が、後半の質問に「今は元気でも明日にでも自分が倒れるかもしれないから、その時はGHかな」とさらっと答えたこともある。一人だけ話を聞かせてもらった父親の立場の人

（80代）からは、妻は老いて「車の運転はやめる」と言いながら、そのくせ施設で暮らす我が子を「迎えに行ってやらないと」ばかり言っている、と聞いた。切ない話だった。

ある人は「先のことは考えられない。その時に考える。行けるところまで行って自爆するのみ」と笑った後で真顔になって、「自分が死んだ後のことまで私は支配しようとは思わない」ときっぱりした口調で言った。「だって何を思っても何にもならないんだから。あとは本人の運と……」。そこでちょっと間をおいてから「また家族会で運動して、もう一つＧＨを作ろうかという思いはあるけど、作ったとしてもウチはたぶん利用しない。ずっと家で暮らして通所でいく」と言う。

「みんな家に置きたがるから、３人とも要介護の家族でも自宅でヘルパーがまとめて面倒を見てくれる制度があるいいと思う。入浴だって３人続けて入れれば効率的だし、夜も重度訪問介護で対応できるといい。そこに単身の人が入って世帯単位のＧＨにするとか」と、興味深い制度の構想も語られた。「死んだ後まで支配しようとは思わない」と頭で考え、ＧＨを作る運動を念頭に置く人が、心の中ではどこまでも親と子が離れずに暮らせる形を想定している。

一番の心配は虐待だと語っていた人が、「自分がケアできなくなった時の我が子の生活への不安は？」と問うと、「自分が動けなくなったら、もう仕方がない。仕方がないことは私は思い切れるんです」と言い切る場面もあった。「でも虐待は心配なんですよね」と、つい余計なツッコミを入れたら、「それはそうだけど……動けなくても自分が指示を出して、夫かヘルパーを動かして女性だけのＧＨに入れて、介護者を女性だけにしてもらって……」「それで安心できます？」「じゃぁ監視カメラをつけてもらいます」。「それって、どこまでも母親の自分がコントロールしようという発想だと思うんですけど、それって思い切れていないことにはなりませんか？」。まだインタビューの初期でもあり稚拙な対応だったのだけど、つい言ってしまった。

私たちは「今」を生きるための心の安定を脅かされないために、あるいは「これから」への不安に魅入られてしまわないために、「頭で考えられること」のアンテナを無意識のうちに限定しているのかもしれない。インタビューが進むにつれて、そんなことを考えていたものだから、「これから夫も看取って、息子も看取って、その後は自分はもうどうなってもいい」と言う人にも、「一番避けたいのは、息子さんが元気でいてご主人が要介護状態になることですね」と、ちょっと意地悪なツッコミを入れてしまった。不意を突かれたようにしばし黙ったその人からの答えは「息子よりも先に自分たちが逝ったら……というのは考えられない。考えたら頭がどうかなりそうになる」。

それに近い思いは、私の中にもある。きっと、ほとんどの母親の中にある。「考えられない」という言葉で語られているのは、たぶんその思いだ。

「はじめに」で触れた日本ケアラー連盟のシンポジウム「障害者家族のノーマライゼーション」における湯原悦子さんの講演「追い詰められた親が引き起こした殺人事件」によると、１９９６

年から２０１５年までの20年間に介護殺人は少なくとも７５４件起きている。そのうち「親が子を殺害する事件」は９件（１・２％）。一般の介護殺人の加害者では女性よりも男性が多い一方で、「我が子を殺害する」事件では、父親が加害者になった１件に対して母親が加害者になった事件は８件。圧倒的に母親の方が多い。９人の年齢は、80代が３人。90代が７人だった。

講演では９件のうちの１つ、80代のＡさんが60代の娘の首を絞めて窒息死させた事件の詳細が紹介された

娘には重度重複障害があり、Ａさんは娘が生まれてからずっと介護を担ってきた。娘の幼児期には施設入所を考えたこともあったが、周囲から母親の愛情で育てていくしかないと言われ、「介護は自分が全部やらないといけない」と考えた。そして「せっかく自分のところに生まれてきた子だ。この子は自分の命に代えても守る。この子を自分の手で育ててみせる」と決心した。その介護は、成人してからも夜中も２度起きて20分かけてオムツを交換するなど負担の大きなものだったが、裁判で「娘の介護を私がするのは当たり前のことですし、負担とは感じませんでした。こういう娘がいることで、自分が制約されていると思ったことはありません」と述べている。

夫は事件の14年ほど前に死亡。その後は二人暮らしになった。事件の半年前、母親は転んで右肩を脱臼。鎖骨も折った。それを機に訪問介護サービスを頼んだが、利き腕を傷めたためにオムツ交換にも30分かかるようになって介護をそれまでのようにはできず、この頃「世話をするのがしんどい」と近所の人に漏らしている。加齢による体力の衰えや心身の不調もあって、どうした

らいいのか悩み、「自分の老い先は短く、娘を残しては逝けない」と考えるようになった。

事件の10日前は血圧が高くふらふらする状態で、「このままだったらどうなってしまうのかと心配」のあまり、睡眠導入剤がないと眠れない日が続いていた。事件当日の午前2時ごろ、娘に呼ばれてオムツを替えてやった後で、隣ですやすやと寝ている娘を見ていると、「眠れなくて、このままやったらどうにもならんな。自分の身体がついていけない」と思い始め、先行きの心配で頭がいっぱいになった。この時の心情について母親は次のように語っている。

「心が折れました。……それまで何とか『娘の世話をするのは私しかいない』とつないでいた心の糸がプッツリと切れた瞬間だったと思います。暗い闇に包まれたベッドの中で、私はとにかく孤独でした。血圧も安定せず、物忘れ等で気分がめいり、先行きの心配ばかりが頭の中をめぐりました」


インタビューで62歳の人が、「今ならまだ〝親亡き後〟について話せるけど、70代、80代になったら、話すことを拒否するかもしれない」と言ったことがある。この言葉にはとても重いものがあると直感しながらも、次々に発言が続く座談会の流れに紛れてしまったのだけれど、こうしてAさんの事件の経緯を振り返ると、その言葉がまた改めてずしりと重く思い返されてくる。私は現在63歳。今回のインタビューに応じてくれた人の中心は60代、70代だから、Aさんは私たちの10年後、20年後にあたる。話を聞かせてくれた人たちの中には70代後半や80代の人もあり、その人たちにとっては既に「今」でもある。そして、Aさんが娘の殺害に至るまでに体験したものは、第2部で語られた私たちの「今」と既にあまりに重なり合っていないだろうか。

オムツ交換も着替えも、老いの身には本当にしんどい。私も海が小さい頃にはなんということなしにこなせていたけれど、思春期に腰回りが豊かになってくると、オムツ交換は前かがみのまま様々な動作を強いられる重労働になった。身体を持ち上げないで済むように、あっちに向け、またこっちに向かせて工夫をするが、寝たきりの成人の身体を横に向かせるにも介護者は全身を使う。横向きにした腰の下から使用済みのオムツを抜く時だけは、そのまま引き抜いたのではテープの端で肌を切ってしまうので、ほんのわずかでも腰を持ち上げてから抜かなければならない。オムツ交換には「想定外のアクシデント」や「プチ緊急事態」がつきものだから、衣類やシーツまで替えなければならない事態もある。慌てて追加の必要物を取りに走らなければならないし、どうしても娘の身体を持ち上げなければならない場面も出てくる。我が家ではオムツ交換も着替えも、できるかぎり夫婦二人の共同作業としている。32年間の共同作業を経て、娘の帰省中の私たち夫婦は常に「4つの手と4本の脚をもつひとりの人」のように滑らかに動く。それでも身体を拭いたり携帯シャワーで陰部洗浄までとなれば、短時間にさまざまな動作や力仕事を連続して強いられて身体への負担は大きく、後片付けまでを終えると娘の横にどたっと倒れ込んで「ちょっと休憩!」。しばらくは動けなかったりする。

こうしたオムツ交換を1日最低でも6回のほかに、車椅子の乗せ下ろしが毎食前後の最低6

回。たまに「買い物&ランチ」に連れ出す際には、さらに乗せ下ろしが追加される。体重は30キロちょっとだけど背丈はそれなりにあり、娘はアテトーゼ型で全身がぐにゃぐにゃだから、二人がかりでないと抱えられない。63歳の夫婦が腰にサポーターを巻いて「どうにかこうにか……」という重労働だ。

その間には薬を飲ませ、3食を準備して食べさせて、食後のお茶を飲ませるのには1時間近くかかったりもする。帰省中は洗濯物も大量になる。合間には海から「おかあさんといっしょのDVDを見た〜い」「あそこのオモチャ持ってきてぇ」と要求が飛ぶ。娘の意思表示は嬉しいことだし、動けない娘の代わりに喜んで動くけれど、そうして絶え間なく動き回っていると、疲労は着実に心身に蓄積して身体が重く、腰や股関節や膝に痛みも生じて、少しずつ気持ちも上向きにくくなってくる。

施設からの帰省を夫婦二人で助け合ってもそれだけの重労働になる介護を、自分の身体を傷めて不自由になった人が一人で担うのは、もともと生身の人間が抱えられることの限界を超えていると思う。インタビューで話を聞いた在宅の人たちも、私にはいずれも「どうしたら老いた身で二人で、まして一人でそこまで可能なんですか？」と問うてみたいほどに、生身の人間の限界をはるかに超える介護生活のように思えた。

インタビューでも、「親が亡くなった後この子はどうなるのか、考えて夜眠れないことがある」

と言った人がいた。「脳梗塞で10年間も闘病を続けている知人がいる。その人のことを考えると、自分が突然どうにかなったら、この子がどうなるか考えて、夜に眠れなくなる」と言った人もいた。

前述のように、介護で時間に追われる生活を送る母親たちはよく転ぶ。転んでAさんのような身体の傷め方をしたり、急病になったり、よもや急死でもしたら、その瞬間から我が子の生活は一変し、極めて不安定なものになる。第2部第3章で見てきたとおり、その事態の深刻さを誰よりもよく分かっているのが、重い障害のある人の主たる介護者であり、専門職からも社会からも〝最終責任者〟と見なされ続けている母親その人だ。自分に何かあったらこの子はどこでどんな日々を送ることになるのだろう。遠方の施設に入られてしまうのだろうか。それとも、父親に急死された吉田正美さんのようにショートステイを転々としながら暮らすしかないのか——。

眠れない夜、母親たちはそんなことをぐるぐると考えている。考えながら、どこまで考えても先の見えない我が子の将来を見据えようと、暗闇の中にじっと目を凝らしている。そのまなざしの中には、Aさんと同じ物狂おしいものが潜んでいる。

第3章　親の言葉を持っていく場所がない

私たち重い障害のある子どもをもつ母親は、〝親亡き後〟への思いを語ろうとして、うっかり「残して逝けない」と口にしようものなら、たちまち周囲の専門職から「子離れできないダメ親がここにも一人」と冷笑され、「子と一体化している」「さっさと子離れしろ」という批判を浴びる。私はそういう体験をするたびに、その先の思いを語ろうとする言葉を封じられて、息苦しい。これまで誰一人として、「なぜそう感じるのですか」「そこにある体験や思いとはどういうものですか」と問い返し、耳を傾けようとする人はいなかった。その不満が、この本を書こうと思った大きな理由の一つでもある。

そもそも〝親亡き後〟問題が「子離れ」「親離れ」という文言で語られることに、納得できないものがある。そこに、母親たちを縛ってきた社会のダブルスタンダードをまたも見る気がする。介護負担に耐えて頑張り続けている間は「母の愛さえあればどんな苦難でも」と美化し称賛して私たちの悲鳴を封じ、いざ追い詰められた母親が虐待や殺害行為に及ぶと「母親のくせに」「なぜ助けを求めなかったのか」と、その結果の責だけは母親に帰される。子と一体化していると批判されるが、それは、そんな社会規範の中で我が子と一体化しないとできないほど濃密な介護を、私たちが生涯に亘《わた》って背負ってきたということではないのか。その年月の間に、私たち母親にどれだけの選択肢があったというのだろう。本書で見てきたように、私たちは選択肢がない中でそれだけの介護を担い続けざるを得なかったし、多くの母親たちが今なおそうした状況下にある。障害者の生活と権利を守る全国連絡協議会前会長の故中内福成は、「親の子離れの困難さ」は「家族依存政策の歪み」だと指摘している（中内「障害があっても幸せに暮らすために大切なこと」『みんなのねがい』２０１９年2月号　p.31）が、その通りだと思う。

一方、私たちはここ数年、「〝親亡き後〟に備えて親はこれだけのことをしておけ」という情報に囲まれるようになった。また私たちは高いところから指導されているなぁ、と思う。かつて優秀な「療育機能」であれと指導され教育され、その後も「介護機能」と「コーディネート役割」であれと求められ続けてきた私たちは、またも〝親亡き後〟への準備をしておく「機能」と「役割」であれと求められている、と感じる。

ある座談会形式のインタビューでも、たまたま前日に親を対象にした〝親亡き後〟の講習会に行ってきた、という人がいた。「若い親御さんにまで早くから成年後見人制度を利用されるようにと言われていたけど、親みんなの気持ちとズレているのではないかと感じた」。その場にいた誰もが頷いた。「そういう情報やアドバイスって、年金制度が前提になっていて、結局は今の制度の現状追認だよね」「なんか、親亡き後の我が子のことまで親の責任でちゃんと準備してから死ねって言われている気がする」「お金があればいいのか、サービスさえあればいいのか。親の思いはそういうことじゃない」「制度の身上監護と親が望む身上監護とは違う」。

一般に〝親亡き後〟問題とは、「親がいなくなっても、本人に安全な暮らしの場と生活が成り立つだけのケアが整備され保障されていれば解消する」と前提された上で、「では何が整備されればいいのか」と問いが設定される形になっている。けれど、親が我が子のケアに望むものを仮に、①生命と肉体のケア②生活のケア③人生（関係性）のケア④親と子それぞれの生と死をめぐる実存的な苦しみのケア、と分類してみた時に、「何が整備されれば親にとって〝親亡き後〟問題は解消するか」という問いは、せいぜい①と②までしか射程に捉えていない。言い換えると、親にとっては「残して逝ける」ための「必要条件」しか問うていない。しかも、既に見たように、その「必要条件」すら現実には保障されるどころか、高齢期を迎えた親の働きに大きく依存しているのが現状なのだから、親とすれば「その状況でいったいどうしたら安心して残して逝けるというのか」と、逆に問い返したいくらいだ。

とりわけ在宅で老障介護となっている人では、「今」があまりにも過酷すぎる。「これから」への安心材料があまりにもなさすぎる。障害者の生活と権利を守る全国連絡協議会は、「老障介護」の解消に必要なものとして入所機能を備えた「拠点施設」が必要だと主張し、そこで求められる機能として以下を挙げている。

①安心して暮らし続けられるための相談機能、非常時の「駆け込み寺」的機能

②常時、支援できる24時間体制と、障害者支援の専門家集団による支援
③医療機関や行政機関との日常的連携による、医療の支援システム
④一人暮らし、家族との同居、グループホーム入居者に対する、短期入所機能
⑤ヘルパー等の夜間の派遣も可能な、支援職員が常時待機している体制
⑥高齢障害者や常時見守り等が必要な人たちの、生涯を見通せる入所機能
⑦グループホームのバックアップ機能

私たち親から見れば、安心して残して逝けると感じられる「必要条件」だけでも、まだこんなにも多くが足りないままなのに、それでも私たちは今なお「親亡き後に備えてこうしておけ」と高いところから指導される側に置かれている。気持ちを語ろうと口を開いたとたんに「子離れしろ」と批判され、その先の言葉を封じられる側に置かれ続けている。

ある人は「親の言葉を持っていく場所がない」と言った。インタビューで聞いた最も重い言葉の一つだった。

私たち母親が「やっぱり私でなければ」と感じる場面は、おそらく専門職が思っているよりははるかに多い。そして、それを専門職に伝えようとしても言いにくいこと、言っても伝わりきらないこと、分かってもらえないことに、親たちは老いてなお「私でなければ」という思いに繰り返し立ち返らざるを得ないでいる。「ご自身がケアできなくなった時のお子さんの生活について不

安は」と質問した際に多くの人の口から語られたことを私自身の言葉で総括してみると、それは専門職との間で「気がつく」「気になる」「耐え難いと感じる」閾値《いきち》があまりに違うこと、それを伝えることの難しさと悩ましさだった。

「息子がお世話になっている施設の話し合いでは、言いたいことがあっても言えない」と言った人がある。「『お世話になっているんだから、黙っておこうね』って他のお母さんとも話したんです。面倒を見てもらっている立場だから、言えない。いま連れて帰って家で面倒を見ろと言われたって、できないから」

今回のインタビュー以前を含めて私がこれまで見学させてもらった中では、職員との間に最善の信頼関係と絆を結んでいると見える人からすら、インタビューではこんな言葉が漏れて出た。「言ったら、この子に嫌な思いをさせるんじゃないか、というのも、頭の中にないと言ったらウソになる」。

重度重複障害のある息子が入所施設で暮らしている人は、「本人が高齢化してきて、歩かなくなった。動かなくなった。親としては、どうにかしてやれないものかと思うけど、施設で職員に『動かないからだね』とは言えても、『動かしてくれ』とは言えない」。だから母は、老いて故障を抱えた身で、なんとか自分が動かしてやれる方法はないものか……と思いを巡らせる。それが現実に可能であろうとなかろうと、動かしてやりたいと考える人間が自分以外にいないなら、母の思いは巡り続けるのだ。

重度重複障害のある娘がＧＨで暮らしている人は、親の「言いにくさ」について次のように話した。

「食べることをはじめ一つひとつの行動の意味をどう受け止めてもらえるか、外出時に細かいことに気遣ってもらえるか、いろんなことが目につく。服一枚のことでも、暑い寒いを細やかに判断してくれればと思う。若い職員は汗だくでも娘は震えていたりする。もちろんそのままでも娘は生きているんだけど、でも……。たとえば、オムツ交換一つでも『冷たかったね、ごめんね』になるか『またかよ』になるかで全然ちがう。『またかよ』でやってほしくない。でも一度は言えても、改善されないからと何度も繰り返して言えないもどかしさがあります。

母親仲間には『託したら諦めないといけない』と言う人もいて、でも、そう言いながら、その人もやっぱり職員には言っているんですけどね（笑）。親同士で集まると話がいろいろと出ますよ。『薬を塗ってやってほしいのに、行くたび減っていないんよねー』とか。我が子のことは言いにくいけど他人の子のことなら言いやすいから、母親仲間で話をして、そういう間接的な形で伝えることもある。それで他の子のことにも気付いてほしいけど、そこまではなかなか……。親の会の活動もメンバーの高齢化でそろそろ縮小しようと思っているけど、やめてしまえないのは、グループだから言える、個人だったら言いにくいから、というところもあるかもしれません」。

医療的ケアが必要な娘を在宅でケアしている人は、「施設に入所している子どもさんのところに、お世話をしに日参される親御さんの姿をよく見かけるけど、身につまされる」そうだ。現在のショートステイですら「痰が取り切れていなかったり、浣腸してもらっていてもうまく出せていなくておなかに溜まっていたり、具合が悪くなって帰ってくることが多い」ため、ショートステイは親にとっても子にとっても〝チャレンジ〟なのだという。そのため、夫婦とも老いて在宅介護の限界を感じ始めているが、「長年にわたって少しずつ変化しながら培われてきた、その人特有のケアの仕方、親のやり方があって、それで〝あ・うん〟の呼吸で必死に支えてきたからこそ、どうにかこうにか体調を崩さずにいられる。入所して元気に過ごせるのか、自分で訴えたり自分でどうにかできる力は本人にはないので、とてもとても不安」。

「職員にはなかなか分かってもらえないから、この前も『口が動く間はずっと言おうね』と他のお母さんと約束したんです」と言うのは、「強度行動障害にはずっと苦労してきた」人だ。仮に身体が不自由になっても口が動く間は親が言わなければ、子どもの危険を回避してやれない、というほどの思いがある。

「うちは水中毒があるから、水の量を記録してもらっているけど、時々抜けている日がある。でも、次の欄を書く人は前の欄が抜けていることに気づいているはず。気づいたら普通なら確認してくれると思うんだけど、そのままになっている。この子が水の制限をしていることを知らない人が介助に入ったらどうなるのかと思うと怖い」。

障害像によって具体的な形は違っても多くの親が経験してきた場面だから、私にも想像がつく。親にとっては我が子の命が脅かされるほどの大問題なのだけれど、こうした親からの訴えは「記録漏れへのクレーム」という次元で受け止められることが案外に少なくない。もちろんここには、個々の職員の資質や意識の問題、組織内の指導監督体制の問題、制度上の制約の問題、深刻化する人手不足など、さまざまな問題が混在している。親たちはそのことも十分に分かっている。分かって、それらすべてを織り込んでなお、親と他人とが「気が付く」「気になる」「耐え難いと感じる」閾値の違いには、いかんともしがたいものがある。だから「怖い」に続いて、この人は言う。「そういうことも含めて任せられなければ、死ぬまで親が面倒を見るしかない」。

「もちろん個々の事象としてはいろいろある。でも全体としては信頼できる」と言う人もある。それぞれの障害像やどのくらい重度かによっても違いはあるだろうけれど、大きく括った時には、それはどの親にも共通した思いだろう。だから今こうしてショートステイ先やGHや施設に託すことができている。けれど、その一方に、また別のある人が言ったように「考えてみたら親が伝えたいことって、人としての基本のはずなのに、その当たり前をどうして言わなきゃいけないんだろう」という思いもまた、多くの親たちの中に繰り返されてきたのではなかったか。突き詰めれば、「この子にとって親に代われる人はいない」ということを、親は「これまで」に身に染みて体験してきたということだろう。「支援者はいても、それぞれに事情があって離れていかれる。そういう人たちには『仕方がない』で済ませられるけど、親はどんなことがあっても逃げることができない。親をやめることはできないから」と言った人もいた。

他にも、「命や健康という面では託せても、それ以上の生活の彩りとか豊かさという点では親が補ってきたから、それが無くなってしまった後の生活はどういうものになるか……」、「親がいなくても今の楽しい生活が続くのかどうかは分からない。定期的に帰省してガス抜きできることで生活が送れている」などの言葉があった。「生活の彩りとか豊かさ」には、日中活動が充実していることや時に外出してガス抜きできることはもちろんだけれど、本人が「その他大勢の一人」にされるのではなく、かけがえのない「その人」として誰かと親密な関係を結びながら生きていけることなど、多くのことが含まれているだろう。前述の分類でいえば、③人生（関係性）のケアに触れる言葉でもある。けれど、インタビューでそのあたりが詳細に語られることはなかった。詳細に語られたのは、「そのままでも娘は生きているんだけど……でも」という言葉に象徴されるように、主として①生命と肉体のケアと②生活のケアへの懸念だった。日常的な基本のケアにおいても親には「私にしか見えない」「私がいなければ」と感じさせるものがある。その思いすら「言えない」「なかなか分かってもらえない」と感じている私たちは、その先への願いをうまく語る言葉をまだ見つけられていないのかもしれない。

また、「生活については、職員に恵まれているので何とかできると思うけど、親が亡くなったりケアを担えなくなったりした時の子どもの心理状態がどうなるかがとても心配」という声もあった。前の章で紹介した、重度重複障害のある息子の今後の医療について深い思いを吐露する80

代の人の語りの中には、「彼としては十分に生きたと思う。でも家族がいなくなったら生きがいがなくなり、闇の中を生きることになると思う」という重い言葉もあった。どちらも、③関係性とともに④親と子それぞれの生と死をめぐる実存的な苦しみへと向かっていく、含みの多い言葉だと思う。

これらを「親の勝手な思い込みだ」と批判し否定したい人は多いことだろう。けれどこれらの言葉もまた「残して逝けない」と同じように、言葉ヅラだけで反射的に否定し批判して終わったのでは、そこに語られにくいまま潜んでいる深く重い思いが言葉になることはない。だからこそ、専門職が定義する〝親亡き後〟問題に照らして親が「子離れしろ」「こうしておけ」と指導されるような議論ではなく、親にとって〝親亡き後〟はどのような問題なのかが親の言葉によって語られ、そこから始まる議論が必要なのではないだろうか。

「親であること」とは、介護「機能」でもコーディネート「機能」でも親「役割」でもなく、人が生きる多様で複雑な関係性の一つだと思う。私が児玉海という一人の人の親であることは、産院へ向かう早朝の町が海の底のように幻想的に見えた、あの遠い日から、海と海の父親と共に過ごしてきた長い時間とそこにあった記憶とをすべて織り込んで、私の人生の物語、アイデンティティの大切な一部だ。それは海にとっても父親にとっても同じことだろう。そうした家族それぞれの人生の物語の間に、互いに他人には代替できない関係が結ばれている。良い面も悪い面も多彩に含みながら、他ではありえない深みで互いに否応なく繋がっている、ということだ。

数年前、海が急激に体調を崩し、夜中の電話で連絡を受けて「意識は？」と聞いたら医師が言葉を濁したことがあった。電話を切るなり夫婦で駆け付けると、海はぐったりと目を閉じていたが、そっと声をかけると目を開けた。その目の力は弱かったけれど、親がかける言葉をちゃんと受け止めている色があった。私の背後で主治医が「え……？」と言った。「親が来たら、目を開けるんだ……。あんなに誰が呼びかけても反応がなかったのに……」。親と子は、そういう繋がり方をしている。

海が小学生の時に、大腿骨を骨折しているのに翌日まで誰にも気づいてもらえなかったことがある。その晩、私は海が血だらけになっている夢を見た。翌日のお昼前に園長から「海さんが昨日骨折していたことが先ほどになって判明し、いま治療しています」という電話があった。気づいてもらえないまま、いつも通りに抱きかかえて座らされ、風呂に入れられて、どんなに痛かったことだろう。この子なりに訴えていたのだろうに分かってもらえず、どんなに辛かったことだろう。誰にもわかってもらえないまま寝かされて、痛みで眠れない辛く長い夜を、この子は必死に母に助けを求めながら過ごしたのだろう。私の夢は、海のその必死の思いが見せたものだった。重い障害のある子と親の間には、その固有の濃密な関係性が培われてきた長い来し方というものがある。重い障害のある子とその親だったから共有してきた、というものが、余人の計り知れないところにたくさんある。重い障害のある子と親とは、そういう繋がり方をしている。

たぶん私たち、重い障害のある子どもをもち、高齢期を迎えた母親たちは、最終的には「ままよ」と我が子に関わってくれる人たちに託していくしかないと、頭のどこかで分別はしているのだと思う。けれど、その一方に、どんなに支援と制度が整ったとしても、残して逝きされない思いもぬぐえずにある。そこには、良いにつけ悪いにつけ、重い障害があったからこそ子と親の間に重ねられてきた濃密な「これまで」が反映されている。それは究極的には、重い障害のある子でありその親であったがゆえに、より深いところで繋がってしまった者の宿命のようなものなのかもしれない。残してゆく者のどこまでも尽きない思いは、その繋がりの中から立ち上がってくるものだ。ある人はそれを「ふつふつとした思い」と表現した。

「死ぬまで親でいたい。目をつぶりたくない。あの子へのふつふつとした思いを、あの子の生活が豊かになるように、死ぬまで伝え続けたい」。

別の数人が体験から語ったように、親だって病み衰えて我が身がしんどくなれば、我が子のことどころではなくなる日が来るのだろう。それならば、せめて、その日まで、この子との間で親であり子である関係性を最後まで精一杯にまっとうしたい。これまで自分の生涯をかけて守り支えてきた我が子へのふつふつとした思いを、残されていくこの子の周りに少しでも届けておきたい、残しておきたい――。そんな切ない願いは、〝子離れできない〟親の愚かな未練でしかないのだろうか。

インタビューを終えた後で、「これまでのことを誰かにこうして話したのは初めてでした。いろんなことが整理された気がします」と言った人が何人もあった。また座談会形式でのインタビューの後では、「長い付き合いの母親仲間なのに、こういう話をしたことが今までなかったので、お互いにそういう体験があったのか、そんな気持ちでいたのか、と知らないことがたくさんあった。考え方も人それぞれで、いろんなことを考えさせられた」という声も何度か聞いた。「話していたら、途中からいろんな感情が出てきた」と言った人もいる。今回のインタビューを機に気持ちを切り替えて、息子の現在の暮らしについて文書に取りまとめて事業所と今後の話し合いの場をもったり、成年後見事業に相談にいったりと、〝親亡き後〟に向けて具体的な動きを始めた人もいる。

重い障害のある子どもの親として、我が子のために、我が子に成り代わってものをいうことに懸命になってきた私たち母親は、自分自身の胸の奥深くにあるものをうまく語るための言葉をまだ十分に獲得できていないのかもしれない。母親自身が胸のうちに渦巻いている様々に相矛盾する思いと向き合い、問い返し整理していくためには、きっと「正しくない」と思われがちな言葉でも字ヅラだけで否定されるのではなく、「なぜそう感じるの？」と耳を傾け、否定も批判もせずに聞いてもらえる体験、安心して思いを語ることができる場所がまだまだ必要なのだ。

インタビューに同席してくれた支援職からも、次のような言葉を聞いた。

「これまで、ご本人のこれまでの人生を読み解くことは意識してきたけど、親御さんのこれまでの人生に着目することも大切だと気づきました」

私たち親の言葉を持っていく場所は、こうした眼差しの中にできていく。そうした眼差しを得ることによって、「重い障害のある人の母親」という抽象的な存在にされてきた私たちは、それぞれ懸命に固有の人生を生きてきて今こうして老いに直面し戸惑っている「母親でもある一人の人」であることを取り戻していくことができる。親にとって〝親亡き後〟とはいったいどういう問題なのかを、親自身が語り始めるための言葉は、きっとその先にある。

第4章　この社会で「母親である」ということ

インタビューの初めに必ず聞くことにしていた質問がある。「障害のある子どもの親になる前の人生はどのようなものでしたか。どんな人生設計や夢を描いておられましたか」。

その人との関係により、場によって、「ご自身はどんな子どもさんでした?」「どんな子ども時代を過ごされましたか」などの聞き方をすることもあった。最初に自分自身の前半生を振り返ってもらうことによって、「お母さん」として生きてきた意識をリセットして、「お母さんでもある一人の人」になってもらえれば、という意図だった。が、これも多くの人には意味のない質問となったようだった。「ぼやーっと生きていた」「何も考えていなかった」「結婚して子どもを産んでお母さんになるんだろうなと漠然と考えていただけ」など、自分の前半生はほんの一言で括られて、ほとんどの人の話は一気に子どもが生まれた時へと飛ぶ。やはり生きた時間の濃密さがそれほどに違うのだなぁ、と痛感させられた。私自身にとっても海が生まれるまでの人生の記憶は、その後と比べると「前世」と「現世」の違いほどに希薄に思える。

それでも数人、私の問いに答えて、自分の幼いころのことを振り返って、あんなことがあった、こんなこともあったと聞かせてくれた人があった。その人が育った地域の風景が目に浮かぶような回想もあったし、高校生の時の淡い恋を語ってくれた人、20代での熱い恋を打ち明けてくれた人もあった。私はそういう話を聞かせてもらうといつも、遠い日のその人の姿がいじらしく愛おしく思えて、なんだか涙ぐみそうになった。「ぼやーっと生きていた」と一言で終わった人たちの心の奥にも、きっと本当はそんな日々が大切にしまい込まれていることだろう。

仕事をもっていた人も多かった。若い頃には働いていたけど、当時の社会通念のとおりに結婚や出産を機に辞めたという人が多かった。結婚後も出産後も働き続けようとした人たち、働き続けたいと願った人たちもいた。私はその人たちのことがとても気になった。重い障害のある子どもの親になった後に仕事を辞めたという人には、そのことについてどう感じてきたのか、今どう感じているのかを聞きたかった。今も仕事を続けている人には、どうしたら続けてくることができたのか、つい根掘り葉掘り聞いてしまったりもした。

20歳から定年までの40年間ずっと児童相談所で働いた人は、「壁にぶつかって仕事を辞めようと思ったことが何度あったか分からないけど、そのたびに周りの人たちに助けられてきた」と言う。「自分の子を保育所に入れて、人の子のために働くのかよ」という言い方をする男の人たちが多かったが、結婚の時の条件に「私は働き続けます」と宣言していたので、夫は何も言えなかったそうだ。「一度『俺が仕事を辞めようか』と言ったことがありましたけど、実際にはオムツ一つ替えたことがなかったんですよ（笑）」。午後の早い時間に帰ってくる養護学校時代は、祖父母がずっと面倒を見てくれた。児相の仕事では、自分が重度重複障害がある子の親になってから助言ができなくなり、重度の子の相談が受けられなくなった。何年も経って我が子の障害を引き受けるしかないと腹をくくってから、仕事でも相談を受けられるようになったという。

子どもが生まれる前は教師だったという人は、「いつか復職したいと考えていたけど、二番目の子どもを亡くした時に仕事への思いは吹っ切りました。長男も手術中に呼吸停止したことがあったし、子育てに集中しないと命は守れないということを痛感していたから、重い障害のある三男が生まれて、もうそんなことは考えなくなりました」と語った。「吹っ切れた」ではなく「吹っ切った」という言葉だったことが、私には印象的だった。

私が自分の天職と考えていた英語教師の仕事を辞めたのも、この人のように、何度も命の危機を繰り返す海の幼児期に、このままでは命を守れないと思ったことが最大の理由だった。重い障害のある子どもの親になり、能力主義の競争社会に身を置いてきた自分を根底から問い返さざるを得なくなった、というところもあった。夫婦ともこれでは身体がもたない、という現実もあった。その一方に、子育てが過酷であればあるだけ「母親」であることから離れて「私」を生きられる時間と場所は、精神的には手放しがたい貴重なものでもあった。家にいれば「辞めるべきでは……」と考え、大学で講義に手ごたえを感じれば「やっぱりもう少し……」と思い直すことを繰り返し、なかなか思い切ることができなかった。簡単な決断ではなかったし、実際に辞めてからも複雑な思いを長い間ずっと引きずった。

地元に開学してまだ４年の小さな大学で、開学当時に雇われた人はみんな同期。私を含めて若手はみんな講師で、教授と講師しかいない大学だった。そこを３月に退職し、４月に改めて非常勤講師として出講してみると、新しく若手が数人入り、同期がみんな助教授になっていた。その中の一人から「児玉先生だって、あのまま辞めずに残っていたら助教授になっていたんだよ」と言われた時の、なんとも形容しがたい気持ちは今も言葉にならない。

海の親になったから「地位や肩書がなんぼのもんじゃ」と思うようになった。その思いは、その後ものを書くようになるにつれ、より強固なものとなって私を支えてくれた。それでも、非常勤講師になった遠い春のあの日、私はやっぱり心の中で唇を噛んだし、その後も仕事で出かける先々で「地位や肩書があったら、こんな扱いは受けないんだろうな」と感じる場面に遭遇するたびに、やり場のない鬱屈が尾を引いた。それは両方とも、私の中に存在し続けている真実の思いだ。その二つの思いの間で、「なぜ子どもに障害があるというだけで、母親は自分自身の人生を生きることを許されないのだろう」というつぶやきをずっと心に抱えてきた。

「薬剤師なので、結婚してからも働きたいと思っていたし、子どもが成長したら漢方の道に進みたいと考えていたけど、その夢は打ち砕かれました」「諦めてきたもの、押しつぶされてきたものがいっぱいある」と言ったのは、どちらも70代の人だ。時が過ぎた今、誰の語り口も淡々としているし、長い年月に濾過《ろか》されてきたさまざまな感情を細かく言葉にする人も少なかったけれど、「打ち砕かれた」「押しつぶされた」という短い一言が多くを物語っている。

50代後半のある人も「自分のやりたいことを犠牲にしてきた、という思いがあります」と言う。「バリバリのキャリアウーマン」を目指して東京に出てジャーナリストの学校へ行き、雑誌の編集長にまでなったのだけど、自閉症の長女のために故郷に戻って専業主婦になった。娘に毎日パニックされている今の自分とのギャップが大きくて、悶々としていた時期があった。50歳の誕生日の夜、人生の折り返しを意識して、自分の人生こんなはずじゃなかったと思うと、布団の中で涙が出たという。

「気持ちと頭が仕事モードに入っている時に娘がグズグズ言い始めると余計にイライラするから仕事はしないでおこうと思ったし、結果的にそれでよかったと思う。ただ、今この歳になって、私は人生で何も成しえたものがない、と感じることがある。そういう気持ちを夫が分かっていないことが腹立たしい」。春に次女が大学進学で家を出たのを機に、少しずつ地域でネットワークを作ろうと活動を始めたところだ。「本人に行くところがあれば親も自己実現できるのに、今は消去法で『ここに行くしかない』という状況だから、親の自己実現ができない」。そう思うからこそ、地域で活動を広げていきたいと考えている。私には50代の若さがまぶしいようなインタビューだった。

20代には海外で活躍し、帰国後には大学の非常勤講師を掛け持ちしてきた人とも出会った。今は週に1日1校のみに絞っている。息子は最重度の知的障害を伴う自閉症で、緊張状態が続く介護生活の中、出講日は朝4時半に起きて、6時半の始発バスに乗り新幹線で大学へ向かう。いつも出掛けるギリギリまで「もう今年度で終わりか」と考えるが、大学に行くと「やっぱりもう少し」と思い直す。人と接し話ができる貴重な機会でもある。ヘルパーや医師も「お母さん、週に一度は離れてください」と言ってくれるそうだ。

息子は顔の決まった場所を叩き続けるため、裂傷ができる。訪問看護で教えてもらった方法で手当てをするが、治るとまた叩くので、なかなか治らない。「もうこれ以上のことは私にはできない！　というところに至ってしまうんです。仕事に行くこともしんどいけど、『発狂しないように仕事に行くね』と言って出ていくんです」と言う。「それでも今年度までかなぁ、という気もしているんですけどね」。

子どものために仕事を辞めたという人の一人は、若い頃から親の運動に関わり、中心的な役割を果たしてきた。現在も6つの運動団体で積極的な活動を続けている。私から見れば、並々ならぬ精力的な社会活動だ。それでも「まさか、こんな社会参加をしない人生を送るとは思わなかった」と言う。「昔、障害のない上の子に『ちょっと金にならない仕事をしてきます』と言って出かけようとしたら、『それは違う』と言うんですよ。『金の減る仕事をしてきます、やろ』って」

と笑う。「（仕事を辞めたことについては）年金の少なさに実感するね。夫は財産も年金もあるかもしれないけど、私は経済的に依存している」。

私も62歳になって自分の年金額を知った時には愕然とした。私には職業もあったし私自身は働きたかったのに、社会の仕組みがそれを許してくれなかったのに……と、釈然としない思いになった。この人が関わっている運動体で調査した際にも、障害者家庭は一般よりも貧しいという結果が出たという。

この問題は、「まえがき」で触れたシンポジウムで田中智子さんも指摘していた。母親が障害者のケア役割を専従として担うことによって、シングルインカムとなる世帯では稼働期の貧困はそのまま高齢期の貧困へと引き継がれていく。また、稼ぎがないということは夫婦間のバーゲニング（交渉）においても弱い立場におかれるということだ、と田中さんは言う。夫婦間の力関係の不均衡は、私のインタビューでも、既に見てきたように多くの語りのそここに見え隠れしている。

インタビューでちょっとびっくりしたのは、「将来、ご自分に代わるキーパーソンになる人は誰ですか」という問いに、「お父さんは無理」と即答する人が驚くほど多かったことだ。「お父さんは無理だから、作業所やＧＨの職員かな」「今まで関わっていないから、父親にはどうしていいか分からない。母親がいない間に世話をすることくらいはできるけど、手続き関係もやったことがないから無理。ショートステイの準備だって何を入れていいか分からない」「父親本人はやっているつもり、できるつもりだけど、とうてい無理」などなど。私もつい最近、身近な母親仲間の一人から、名前の上では父親が成年後見人になっているのに「お父さんときたら定年退職後はすることもないくせに、年に一回の報告書すら書いてくれようとしない」という愚痴を聞いたばかりだ。

こういう話をすると、施設入所が措置から契約になった段階で娘の成年後見人となり実務をすべて担っているウチの夫は、ムッとする。後見人になった段階で手続き関係や海の年金関連の記録は夫に全面的に委ねたので、海が子どもの頃には分っていた細かい制度の違いや手続きについては、今では私のほうがさっぱり分からない。そんな夫から見れば、「無理」と決めつけるが男親に能力がないわけではないだろう、母親が抱え込んで、やらせてこなかったから分からないだけじゃないか、と言いたくもなるのだろう。私も座談会形式のインタビューの場でつい我が家の話をし、暗に「お父さんに少しずつやらせてみては」と余計な提案をしてみたこともあった。けれど、そんな提案は誰にも響いていかない。きっとそういう話ではないのだと思う。

誰の家庭にも、「これまで」のいきさつや事情やしがらみがあって「今」が形作られている。母親があまりに多くを抱えてかろうじて生き延びていた、あの子育て期にすら、その荷を共に背負おうとした夫もいれば、そんな妻のそばで他人事のように暮らした夫たちもいた。「お父さんが後見人なんだから報告書くらい書いてよ」と言えたり、「少しずつやらせて」みるなどということが今さらできる関係性であれば、「今」がとっくに違っていたことだろう。そういうことが言えない、できないから、これまで母親が抱え込んでやらざるを得なかった。だから今では「無理」なのだ。多くの父親たちを妻が「キーパーソンは無理」と一刀両断する言葉はそのまま、そうやって母親たちが夫への期待に思い切りをつけ、自分で抱え込まざるを得なかった、その家庭の歴史であり、障害のある子どもの子育ても介護も母親がやって当たり前としてきた、この社会の縮図でもある。

田中智子さんは、名古屋でのシンポの後、11月に上梓した『いっしょにね!! 障害のある子もない子も大人たちも輝くために』（田中智子・高田美穂・いっしょにね!! 編著　クリエイツかもがわ）で、障害のある子どもをもつ母親について以下のように書いている。

……以前と比べて、結婚する・しない、子どもをもつ・もたない、就労を継続する・しないなど、女性の人生の選択肢が増えるように見える現代だからこそ、ケア優先の生活をせざるを得ないという点において、同世代の女性たちの生活の仕方と、よりいっそう乖離しているといえるかもしれません。（p.145）

インタビューの最後には、「これまでの『母』としての人生を振り返って、どのようなことを思われますか。また『一人の人』としての人生を振り返って、どのようなことを思われますか」という質問を用意した。「一人の人」としての人生と言われても……と戸惑いを見せた人が数人あった。それらの人から返ってきたのは「母としては精いっぱい自分にできることをやってきた。一人の人としての人生というのは、考えたことがなかったので分からない」「一人の人としての感想はない。母としてしか感想はない。すべてはこの子のことだった」などの答えだった。

「本人が言葉で言えないから、どれくらい分かってやっているのか、夫に言っても通じないように、本人は母親にも通じないと感じているのでは、と考えることがある」と自省を語る人も含め、ほぼすべての人が「母」として力を尽くした人生に悔いはないという答えだった。「究極の子育てをしたと思う」という印象的な言葉は80代の人のものだ。「自分の世代は自分の人生ということを考えられる世代ではないけど、子どもも良い人生を送ることができたと思うので、私も幸せ」。

「一人の人」としての人生についても、多くの人から、言葉までほとんど同じ答えが返ってきたのには、ちょっと驚いた。「娘のおかげで、いろんな人の優しさを知った。子どもに障害があることで充実した人生だったと思う」「障害のある子の親になって、それが無かったら知り合えなかった人や、深く付き合えなかったような人と付き合えたことは良かった。幸せだった」「障害のある子どもがいたおかげで、地域での運動など他の人には経験できないことをやらせてもらって、私には宝だと思う」などなど。

障害のある子どもがいたおかげで良い人間になれた、よかった、という答えも非常に多かった。「子どもに感謝。一人っ子で甘やかされて育って、人の気持ちが分かることもなくて、子どもの障害がなかったら私の人生はどうなっていたか」「この子が生まれていなかったら、自分は傲慢な人間のままでいたと思う。成せばなるという世界で生きていたから、頭をごんと殴られた」「平凡な人生よりも山あり谷ありでたくましくなれた。優しい人がたくさんいるのも分かった。当たり前のことに感謝できる人になれた。幸せな人生を送っていると思います」

そのあたりの気持ちを詳細に話してくれた人の語りを紹介したい。

「周りと同じようにしないと不安だったり、変にプライドが高かったりと、いま振り返るとつまらない人間だったと思う。息子が生まれて、そんな自分との葛藤はあった。子育ては思い通りにはいかないし、まして障害があればなおこと。それまでは人に依存して生きていたけど、そんなことをしていられなくなった。だから強いふりをして、弱いところを見透かされないように攻撃的になって身を守っていたところがある。限界を超えて鬱になって自分が入院し、息子はロングショートを経て入所。それでもしんどいと口にすることができなかったのは、求められる〝頑張る親〟を演じないといけないと思っていたのかな。鬱になってボロボロの自分を晒《さら》してしまったことで、プライドも人の評価も関係ないと思えるようになった。

心無い言葉を投げてくる人は今もいて『なぜもう少し自分で息子を見てやらなかったのか』と面と向かって言われたこともある。『うちにはうちの考え方もあるから』とその時に言えたのは、人にどう思われてもいいと思う強さが身についたからじゃないかな。息子が生まれて、こういう経験をしていなかったら、もっともっと嫌な人間になっていたのでは、と思うよね。本音で付き合える友人に出会い、今の自分があるのはやっぱり息子のおかげだと思う」。この人は、そこで「そう思わないと、やっていられないというか……ね」とちょっと自嘲的に笑い、「でも、昔の自分から変われたのは本当に良かったと思えるよ」と、また真顔になってつけ足した。

「障害のある子がいてよかった」と親が言うことに対して、「荒波を受けるのは子どもなんだから素直に『よかった』とは思えなかった」と語った人もあった。私にも、障害とともに生きているのは海本人である限り、親の私が「海のおかげで」「よかった」と口にすることには抵抗がある。この人は「素直に思えなかった」に続けて、「でも人の価値は、できる・できないではなくて、その人が存在することだけで意味があるという価値観がやっと分かった。そしたら、親である自分がそのことを外に伝えていけばいいのでは、と考えるようになって、やっとよかったと思えるようになった」と話した。

「〝障害児のオカアチャン〟じゃなかったら見れなかったところ、例えば人間の本性とかをいっぱい見れた」と言った後で、「でもそう言ったら、ある人から『でも、もう一回人生があるとして、もう一回〝テル君のオカアチャン〟をやれと言われたら、それはカンニンやろ？』と言われてね。たしかに、それを言われたら、自分の関心のあった領域のことをやりたかったかなぁ……」と述懐した人があった。

さまざまな体験と思いを示唆に満ちた言葉で語ってくれたこの人が最後に言ったのは、「いい悪いではなく、すごく味のある人生だったと思う」。あぁ、いい言葉だなぁ……と思った。

私は最近「親亡き後」という言葉をあまり素直に受け取れなくなっている。「親亡き後」って、まるで「ピンピンコロリ」だな、と思う。

たとえば、2017年にある自治体が親亡き後問題の相談窓口を作ったというニュースの一節には「在宅生活を支えてきた親が亡くなった後、障害者をどうサポートするのか」と書かれている。この記事に限らず「親亡き後」問題についてはこういう捉え方が一般的だろう。親から見れば、失敬な話だ。在宅生活を支えている期間の次に、いきなり親はバタッと倒れて死ぬと想定されている。親が介護できている時期に「親亡き後」がダイレクトに接続されているのだ。二つの時期の間には、本当は親が老いて在宅生活を支えられなくなる期間というものがあるはずなのに、まるでそんな期間は存在しないかのように、あるいは存在してはならないかのように――。

ピンピン暮らしている時期の次に、たいていの人の場合はヨレヨレとくたびれてゆく時期がある。病んで不自由になったり寝たきりになったりもする。それが生身の人間というものなのに、まるでそんな期間は存在しないかのように、あるいは存在してはならないかのように、ピンピンとコロリが接続されて「ピンピンコロリ」が喧伝されていく。

私たちの世代の親にとっては、ピンピン我が子の介護を担えていた時間はもうとっくに終わって、私たちはこれから親亡き後までの長い時間を、まだまだ老い、病み、衰えながら生きていかなければならないのに、まるで、そんな期間はどこにも存在しないかのように、あるいは存在してはならないかのように「親亡き後」だけが論じられている。その間の老いを私たち親がどのように体験しているのか、これからその老いをどのように生きていくのか、ということには誰も目を向けてくれようとしない。重い障害のある子を持った私たち母親たちが、これまでをどのような体験をしながら生きてきたのか、今どのような暮らしをしているかということにも誰も目を向けてくれようとしなかったように――。

名古屋のシンポで「親にも〝老いる権利〟がある」と説いた田中智子さんは、シンポの後、9月に刊行された『新・現代障害者福祉論』で「高齢期を迎えた家族の現実を考えることで、ケアの第一義的責任を家族に課してきた日本の福祉政策の矛盾が、露呈することとなる」と書いている。

「家族支援」という名で用意されているのが、所詮は「家族がずっと介護し続けるのを支援する」ための〝一時しのぎ〟でしかないショートステイと相談窓口だけ、という矛盾。重い障害のある人が親から離れて安全安心に、豊かな生活を送ることができる暮らしの場がどこにもないのに、その問題は放置のまま「親亡き後」の「相談窓口」だけが作られていくことの矛盾。多くのGHの生活が親依存でようやく成り立っている現実はそのままに、GHこそが「地域移行」の柱であるかのように言われ続けていくことの矛盾。まるで重い障害のある人の親は老いない・病まない・衰えないかのように、親が病気やケガで介護を担えない状況になることが「緊急事態」と称され、そのくせそれら「緊急事態」に対応するための資源はいっこうに用意されないことの矛盾――。

田中智子さんは、上記の一文の段落で以下のように書いている。

……これまで、障害者のノーマライゼーション実現に向けた含み資産として家族は位置づけられてきた。日本社会における固有の〝障害者家族〟という位置からの解放に向けては、障害者と家族のノーマライゼーションが同時に追求されることが不可欠である（鈴木勉・田中智子編著　法律文化社　2019　p.178）。

「人生を通して、障害のある子どもの関係を中心に生きてきた中で、やはり『○○さんのお母さん』と言われてばかりが辛い時もある。そこに『私』はいないなぁ、と思う」と語った人がいたが、この人が言う「○○さんのお母さん」ではなく「私」としても生きられることが重い障害のある人を我が子に持つ母親のノーマライゼーションだろう。

「ナオのことだけは一生懸命に自分にできることは精いっぱいやってきたし、『ナオの母のみの人生』でした。そのことだけは自分で自分をほめてやりたいかも。でも最近になって老いを感じ、限りある人生を思うにつけ、『一人の人』としての人生だって生きていきたいと、やはり思うようになってきました」と言うのは、医療的ケアが必要な子を在宅で介護している人だ。「同年代の友人たちには〝ナオ〟はいないから、世界中のいろんなところへ旅したり、コンサートに出かけたりして人生を謳歌している。そういうのを見聞きすると、正直うらやましいです。でも、誰かに頼んで代わってもらわなければ、出かけることもできない。吸引や酸素があるのでアレンジが難しく、したいことを諦めることもしばしば。でも、ささやかな『一人の人』としての楽しみもほしいから、めげずに、これからちょっと開き直って、『私だって人生を楽しみたい』と遠慮せずに口に出していきたい」。

二人の母親仲間同士へのあるインタビューでは、ちょっと心が浮き立つ場面があった。「息子が通所に行っている法人にそのうちにGHができたら、息子から手が離れるから、そうしたら好きなことをいっぱいしたい。パッチワークとか花作りとかいろいろやってはきたけど、夜は出にくいこともあって、そのうちにやめてしまったから。諦めてきたものがいっぱいある」。

その言葉を私が「そういうものを存分にやりたい……と?」と引き取った瞬間、二人がその「存分に」にぐっと身を乗り出し、同時に「そうよね！」と声を弾ませた。

「やりたいことはやらせてもらってきたけど、ずっと送迎の時間に縛られて暮らしてきたから、時間的な制約なしに自由に、新しいことでなくても、今やっていることを、存分にやりたい」。

「できるようになった時には手足がきかないようになっているかもしれんけど……」。

そして二人で顔を見合わせて、「その時には、その時にできることを、よね！」「ね！」。とても苦しい子育て期をそれぞれに語ってくれた人たちが、この年齢までそれぞれの人生をはるばると生きてきて、いま残りの人生にこんなにもささやかな夢を描き、こんなにも顔を輝かせていることに、切なくもほのぼのと幸せな気持ちになった。

そんなふうに、重い障害のある子の母親であることに多くを費やして生きてきた私たちが、誰にはばかることなく老い病み衰えていけること、そして残り少なくなった人生の時間を、それぞれに本来の「私」に戻って、のびのびと自由に、やりたかったこと、やりたいことを楽しみながら生きていけること。残された人生の時間を子どもとの関係性の中で「母親であること」はもちろん「私であること」も大切にしながら、生きられること。そのための支援を受けられること――。それが、重い障害のある子どもの母親として人生の大半を生きて、いま高齢期を迎えた私たちにとっての「これからを老いる権利」ではないだろうか。

〝親亡き後〟問題とは、親にとっては親が死んだ時に始まる問題ではなく、それよりも手前の問題なのだ、と思う。親その人が生きてきた固有の「これまで」において、どのような体験が積み重ねられてきたか。そんな「これまで」を経てたどり着いた「今」において、どのような生活を送ることができているか。私たちはそんな体験の積み重ねの中から、「これから」に目を凝らしている。我が子の重度重症化をめぐり、また自分や家族の老いをめぐって、日々さまざまな体験をするたびに「これなら残して逝けるかも」と希望を持ち、また「これでは死ぬに死ねない」と思い詰めたりする。私たちは日々そんなふうに揺らぎながら親としての長い年月を生きてきたし、今も老い病み衰えるという初めての体験を重ねながら、我が子との別れの日までの時間をそのように生きている。

そうして、時に訪れる眠れない夜に、親たちは心の中で自問を続けている。こんなにも非力な我が子を託して逝けるだけ、自分は総体としての人間や社会というものを信じるに足りると感じることができるだろうか――。NOという答えを見つけたくて自問している人はいない。誰もがYESという答えを見つけたくて自問している。どうぞYESと答えさせてほしい。そういう社会であってほしい――。それが、親たちすべての願いだ。

そのためには、まず何よりも、我が子が安心安全な暮らしの場を得て、ゆとりを持って働くことができる支援者との間で親密な関係性を築き、「かけがえのない一人」として豊かな生活を送る姿を目の当たりにできることが最低必要条件だろう。それに加えて、母親自身も「介護機能であること」から解放され、「私」自身のニーズを満たして生きられる必要がある。今のように老いても老いていないフリ、病んでも病んでいないフリで頑張り続けなければならないのではなく、当たり前に老い・病み・衰えることができるための、母その人への支援が――本人への支援とは別途――不可欠だ。

人生の大半を重い障害のある人の親として多くを背負い、懸命に生きてきた母その人もまた、残された自分自身の人生の時間を豊かに楽しく生きられたと感じることができて初めて、自分が死んだ後も重い障害のある我が子がかけがえのない一人の人として大切にケアされ、豊かに暮らしていけると、私たちは心から信じることができる。その時に私たちは初めて、重い障害のある我が子をこの社会に託し、安んじて死んでいくことができる。

あとがき

私たち夫婦は今、海が暮らす療育園から徒歩2分のところに、ごく小さな家を建てています。夫婦の老後資金の多くを注ぎこんでの、大きな決断でした。車で片道40分かかる帰省が親子双方に少しずつ負担になってきて、そのうちに泊まりがけの帰省は難しくなることを思うと、短時間でたびたび帰れる場所を作っておいてやりたい。それが最も大きな理由でした。

療育園は数年のうちに4人部屋への改装が予定されており、毎日デイルームに出てみんなと過ごす現在の生活から、病院のようなベッド生活に変わるのでは、と心配もあります。全国の重症児者施設で4人部屋への変更が進められています。親たちは生活への制約を案じて反対しますが、「感染予防のため」「プライバシー尊重のため個室化が世の中の流れ」と押し切られます。「ベッドに寝かせきりにはしない」と約束してもらったけど結局はベッド生活になってしまった……と、あちこちで親のボヤキを聞いてきました。案じていたその事態が、ついに娘の施設にもやってきました。地域には、海のような重症者が十分な医療を保障されてGH（グループホーム）生活や自立生活を送れるような資源はありません。この事態に抵抗してやるすべがないなら、せめて親が行ってベッドから出してやりたい。部屋からも療育園からも出してやりたい。その思いも強くあります。

さらに老いに向かう「これから」で私が最も恐ろしいのは、親にコトがあったとたんに会うことすらかなわなくなる親子だという現実です。でも徒歩2分なら、親が少々不自由になってもヨタヨタと会いに行けるんじゃないか。震える手でご飯を食べさせてやれるんじゃないか。何をしてやれなくとも、せめて顔を見せ、声をかけることはできる。仮に親が寝たきりになっても、徒歩2分なら、会いに連れて行ってもらえるかもしれない。連れてきてもらえるかもしれない。

そして私たち夫婦がいずれ片方になった時を考えると、残ったほうはやっぱり海のそばで暮らしたいだろうな、と思いました。そこまでいけば、もう親のほうが子を必要としている事態なのかもしれませんが、会えないまま海のことを遠くからあれこれ案じるのは想像しただけで耐えがたく、私たち夫婦にとっては切実な現実問題です。

かつて、ある重症児者施設に見学に行った際に、帰省させてやれなくなって以来、数日おきに通ってくるという高齢のお母さんがおられました。息子の背中に腕を回し、ぴたりと身体を密着させて座っておられました。施設にいる間はずっとその姿勢で過ごすのだと聞いて、びっくり。見たところ息子のほうもおとなしく抱かれたまま満足そうでしたが、私は正直を言うと「息子の方はうっとうしいんでは……」と内心ちらっと考えたものでした。

その後、何年か経って親の老いの問題を考え始めた時に、あの親子の姿を思い出し、あれはある意味、息子による親への〝介護〟なのかもしれない、と思いました。子どもに障害がなければ親の老いとともに親子の役割が逆転し、ある段階から子どもが親をケア・介護する側となります。重い障害のある人ではそんな逆転は起こらないと一般に考えられていますが、案外に重い障害のある子どもの側にも、老いた親に対して彼らなりの気遣いがあるのかもしれません。老いた母親が頻繁に訪ねてきては日がな自分に密着して過ごすのを時にうっとうしいと感じつつ、親の方が今は自分をよりどころにしているのを感じ取り、許容してやっているなら、それは彼なりの親への〝介護〟なのかもしれない。世の息子・娘たちが思うようにならない親に手を焼き「仕方がないな、もう……」とタメ息をつきながらも、子であり親である繋がりゆえに介護を引き受けざるをえないのと同じように、重い障害のある人たちも、自分に文字通り寄りかかってくる親を「仕方がないなぁ、もう……」と引き受けてやっているのかもしれない。そう思ったのでした。

そして、その時、私は初めてつぶやいてみることができました。

もしお母さんが先に逝ってお父さんが一人残ったら、海、お父さんのことを頼むよ。べつに何もしてあげなくていいから。お父さんが訪ねてきたら、いつもどおりに弄《いじ》ってくれたらいいから。また来たか、と内心ちょっとうっとうしくても、まぁつきあってあげてね。海のために行ってやらなきゃ、というフリをしていても、本当はお父さんが寂しくて海と一緒にいたいんだろうから。よっぽど面倒だったら「もうそろそろ帰れよ」という顔をしてくれたら、きっと察して帰ると思うから。あ、順番が逆になってお母さんが残っても、同じように、よろしく――。

まだまだ親と一緒にいたかった6歳の娘を施設に入れて寂しい思いをさせておきながら、自分が老いぼれたらこんなことを言って、なんて身勝手なんだろうと我ながら思うけれど、でも、親の身勝手を含めて修正不能な過去をそのままに役割が逆転するのは、障害のない子どもと親の間でも同じではないでしょうか。世間一般の親たちが「子どもの世話にはならん」と言い暮らしながら、やがては子どもの手を煩《わずら》わせて死んでいくのなら、重い障害のある子どもの親だから老いても子どもの世話になってはいけないという道理はないはず。

海の施設のそばに小さな家を建てる理由を一言にすれば、そんなふうに私たち親子が「これまで」から続く時間と関係性の中で「これから」を生きられるように、老後資金を投じて自衛手段を講じてみた、ということになるでしょうか。「自衛手段」とは、インタビューで数人が口にしていたように、老いた親が障害のある子どもと一緒に、あるいは近くで、残された時間を共に過ごせる施設や制度があればいいのに……と多くの親が望むものの、誰かが言っていたように、現実には私たちの世代にはもう間に合わないからです。退職後に我が子の施設の近くに引っ越す親がいることは以前からよく耳にしてきました。親たちが老後破産のリスクを冒してこんな自衛手段をとらなくても、親の老いによって親と子が引き裂かれることなく、適度な距離感で「これまで」の関係性を維持しつつ、それぞれの「これから」を豊かに生きることができるための環境や制度が、早急に整備されてほしいと願います。

けれど、ここでもまた本書で繰り返し述べてきたように、親が自分の生活の場を子の近くに移して「自衛」できるのは、子の方に安定的な暮らしの場が確保されているからこそです。在宅の人や、週末帰省や通院時の親の付き添いを強いられているGHの人では、それどころではありません。何よりもまず、安全安心な暮らしの場を含めて、親の関与がなくとも本人が健康で安定した生活を送れるだけの支援が十分に保証される必要があることは言うまでもありません。

そうした障害のある人本人への支援の不十分があまりに深刻なために、なかなか目が向きにくいのですが、この度のインタビューで私が痛感したのは、障害のある人を支えている（支えてきた）親を含めた家族への支援が、障害のある人本人への支援とは別建ての仕組みとして必要だということでした。

例えば、在宅で重い障害のある人を介護している親が病気でいきなり運び込まれてしまえば、子どもに関わっている事業所や専門職が対処するしかないのが現状ですが、事業所は本来、当事者である子のほうへの支援が本務。当然、持ち出しのサービスにならざるをえないし、今はどこも人手不足ですから、いずれ対応不能となるのは目に見えています。それほど緊急ではない場合には、病人である親自身が、我が子のケアを担いつつ必要な医療を受けられる環境を自分で整えることを強いられます。けれど、高齢の親はもともとケア役割だけで精いっぱいのところに地域の資源も不足しており、その療養環境整備は困難を極めて、結局は自分の治療や療養は諦めざるを得なくなります。介護する家族が病んだりケガをした時に、必要な医療を受け適切な療養生活ができるようにコーディネートし、回復までを継続的に支援する仕組みが、要介護者への支援とは別途、具体的な制度としてできていなければ、家族は「最低限の健康的な生活」を送ることすらできません。

また信頼できる事業所と出会えて介護から離れることができたとしても、高齢期の親は長年の介護のために平均的な同年齢の人に比べて健康面でも経済面でも不利を抱えている確率が高く、支援が必要です。長年密着してきた親と子の関係をふまえ、その後どのように生きていくかも大きな課題であり、親子の関係をつなぐことや、双方への心理的サポートも必要でしょう。さらに言えば、障害のある子ども以外の身寄りがなければ、現状では親の死後の身辺整理までが子どもに関わっている支援事業所に負わされてしまいかねません。

これらの問題の本質は、本書で繰り返してきたとおり、障害者福祉制度において、また専門職や社会一般の捉え方においても、親を含めた家族の存在が単に介護機能と見なされて、ふつうに老い、病み、衰えて死んでいく一人の人として認められてこなかったことではないでしょうか。

一般社団法人日本ケアラー連盟では、広く高齢者、障害児者、依存症や引きこもりの人などを無償で介護したり気遣ったりする人を「ケアラー」と定義し、ケアラーその人の生活と人生を支えるための社会的な支援づくりを目指して活動しています。ケアラー支援の先進国である英国では、ケアする人にもケアされる人と同等の権利を認める支援の根拠法が存在し、ケアを受ける人のニーズとは別途ケアラーその人のニーズをアセスメントし、それに対して支援を入れるという支援の考え方が明示されています。

日本でも、連盟から理事3人が参加した研究の成果として、2018年春に厚労省から『家族介護者支援マニュアル』が出され、その副題に「介護者本人の人生の支援」が謳われました。本来のケアラー支援とは、「ケアラーが介護しやすいように、介護を続けられるように」支援することではなく、介護をしないことを選択する権利を含め、「ケアラーが自分自身の生活や人生を――継続性を失うことなく――生きられるように」支援することです。日本でもこうした理念上のパラダイムシフトは、少しずつですが起こりつつあります。このパラダイムシフトが今後、現実の施策に反映されて、要介護者への支援とともにケアラーその人への社会的支援がきちんと整備されていくこと、そしてそれが医療と福祉の連携や貧困対策などを含めた幅広い社会保障体制の中に有機的に統合されていくことが必要でしょう。

「障害者の親」とのみ捉えられると、母性信仰や「子育て」イメージに取り込まれて、親による介護はいつまでも当たり前視されがちです。しかし、「障害のある子どもをもつ親もケアラーの一人」と認識されることによって、親もまた尊重されるべき人権を有し支援を必要とする一人の個人として見えてきます。本書がささやかながら、高齢化する親たちがそれぞれの人生を懸命に生きる姿と、その背景にある多くの社会的課題を可視化し、そうしたパラダイムシフトの一助となることを願ってやみません。

拙《つたな》いインタビューに応じてくださった多くの方々のご協力なしには、本書はあり得ませんでした。みなさん、本当にありがとうございました。

なお、大月書店の松原忍さんには、『死の自己決定権のゆくえ―尊厳死・「無益な治療」論・臓器移植』に引き続き、今回もたいへんお世話になりました。長年の編集者生活の最後に作られる1冊にお声掛けいただいたことは、売れない本ばかり書いてきた身には、まさに〝冥利〟に尽きる、この上ない光栄でした。心から感謝を申し上げます。

2020年　若葉の季節に　児玉真美

著者略歴

児玉真美

（こだま・まみ）1956年生まれ、広島県在住。京都大学卒業。米国カンザス大学にてマスター取得。英語の教師（高校・大学）として勤務の後、著述業。一般社団法人日本ケアラー連盟代表理事。1987年生まれの長女に重度重複障害がある。著書に『私は私らしい障害児の親でいい』（ぶどう社、1998年）、『アシュリー事件—メディカル・コントロールと新・優生思想の時代』（生活書院、2011年）、『新版　海のいる風景—重症心身障害のある子どもの親であるということ』（生活書院、2012年）、『死の自己決定権のゆくえ—尊厳死・「無益な治療」論・臓器移植』（大月書店、2013年）、『殺す親　殺させられる親—重い障害のある人の親の立場で考える尊厳死・意思決定・地域移行』（生活書院、2019年）、『安楽死が合法の国で起こっていること』（ちくま新書、2023年）。共著書に『〈反延命〉主義の時代—安楽死・透析中止・トリアージ』（現代書館、2021年）、『見捨てられる〈いのち〉を考える—京都ALS嘱託殺人と人工呼吸器トリアージから』（晶文社、2021年）、『増補新版　コロナ禍で障害のある子をもつ親たちが体験していること』（生活書院、2023年）。

カバーデザイン　宮川和夫　　本文DTP　編集工房一生社

私たちはふつうに老いることができない
高齢化する障害者家族

2020年5月15日　第1刷発行
2024年2月15日　第3刷発行

定価はカバーに表示してあります

◉著者——児玉真美
◉発行者——中川　進
◉発行所——株式会社　大月書店
〒113-0033 東京都文京区本郷2-27-16
電話（代表）03-3813-4651
振替00130-7-16387・FAX03-3813-4656
http://www.otsukishoten.co.jp/
◉印刷——三晃印刷
◉製本——中永製本

ISBN 978-4-272-36093-2 C0036　Printed in Japan